이 책에 사진으로 도움을 주신 분들

· 굿네이버스 능력나눔 사진작가 박찬학(goodmena@hanmail.net)
· 굿네이버스 능력나눔 사진작가 이요셉(http://www.lovenphoto.com/)
· 굿네이버스 홍보제작팀(www.goodneighbors.kr)
· 방글라데시 한국민간문화원 원장 이석봉
· 오성식(http://blog.naver.com/post0426)

※ 별도의 표기가 없는 사진은 모두 굿네이버스에서 제공한 것입니다.

친구야, 넌 어떤 행복을 꿈꾸니?

초판 1쇄 발행 2009년 12월 8일
개정 1쇄 발행 2020년 6월 15일
개정 2쇄 발행 2022년 5월 20일

글 이은서 · 김실
공동기획 굿네이버스

펴낸이 김영철
펴낸곳 국민출판사
등록 제6-0515호
주소 서울특별시 마포구 서교동 382-14
전화 (02)322-2434(대표)
팩스 (02)322-2083
이메일 kukminpub@hanmail.net

편집 양승순 · 김옥남
표지 디자인 송은정 | **내지 디자인** 성경아 | **디자인** 김나정
영업 김종헌 · 김정미 | **관리** 한정숙 · 이민욱

ⓒ 이은서, 김실, 2009

ISBN 978-89-8165-638-6 (73810)

※ 본문의 내용은 사실에 기초했으나 허구가 일부 포함됐음을 밝힙니다.
※ 이 책은 저작권법에 따라 보호받는 저작물이므로 무단전재와 무단복제를 금지하며,
   이 책의 전부 또는 일부를 이용하려면 국민출판사의 서면 동의를 받아야 합니다.
※ 잘못된 책은 구입한 서점에서 교환하여 드립니다.

제3세계 친구들이 보내는 희망의 편지

친구야, 넌 어떤 행복을 꿈꾸니?

글 _ 이은서, 김실
공동기획 _ 굿네이버스

추천사

2009년은 유엔아동권리협약 채택 20주년을 맞는 해입니다. 1989년 11월 UN총회에서 만장일치로 채택된 아동의 권리에 관한 협약(Convention on the Rights of the Child : CRC)은 어린이들이 사회적 약자로서 소외되거나 권리를 침해당하지 않고, 인간답고 행복한 삶을 누릴 수 있도록 사회 모든 구성원의 노력이 필요함을 명시하고 있습니다.

어린이는 어른과 똑같이 존엄한 인간으로서 권리를 가집니다. 하지만, 지금도 수백만 명의 어린이가 절대적 빈곤과 전쟁 그리고 질병으로 인하여 목숨을 잃고, 폭력과 노동 착취 등으로 고통받고 있으며 어른들로부터의 보살핌을 전혀 받지 못하고 있습니다. 케냐의 쓰레기 더미에서 먹을 것을 찾아 헤매는 어린이들, 부모의 에이즈로 고아가 된 인도의 어린이들, 장애가 있으나 치료받지 못하는 에티오피아의 어린이들까지…… 나라도 다르고 형태도 다르지만, 어린이들의 이러한 현실이 우리의 가슴을 아프게 합니다.

《친구야, 넌 어떤 행복을 꿈꾸니?》는 이렇게 어렵고 비참한 환경 속에서도 희망을 잃지 않고 살아가는 지구촌 곳곳 어린이들의 삶의 이야기를 전하고 있습니다. 하지만, 우리에게 단순히 어린이들의 비참한 현실만을 보여 주는 것은 아닙니다. 이 책에 소개된 어린이들은 비록 어려운 환경에서 생활하고 있으나, 스스로의 강한 의지와 주변의 도움으로 새로운 삶의 희망을 발견하고 있습니다. 이 이야기는 우리에게 '나눔' 이라는 것이 얼마나 필요한 것이고, 소중한 것인지를 깨닫게 합니다.

제가 일하는 국제구호개발NGO인 굿네이버스는 굶주림 없는 세상, 더불어 사는 세상을 만들기 위해 인종, 종교, 사상과 지역을 초월하여 전 세계 21개국 어린이들의 인권보호를 위해 일하고 있습니다.

'나눔'은 거창한 활동이 아닙니다. '나눔'은 한 사람의 관심과 사랑에서 비롯됩니다. 우리가 나누고자 하는 마음을 갖고 실천하고자 하는 의지만 있으면 누구나 참여할 수 있는 것이 나눔입니다. 여러분도 나눔을 통해서 한 생명이 굶주림에서 벗어나고, 희망을 노래할 수 있다는 것을 깨달을 수 있기를 바랍니다.

《친구야, 넌 어떤 행복을 꿈꾸니?》는 이 시대를 살아가는 우리 모두에게 과연 우리는 어떤 행복을 꿈꾸며 살아가고 있는지 다시 한 번 생각하게 합니다. 그리고 미래의 꿈조차 제대로 꾸지 못하는 지구촌 곳곳의 어린이들에게 따뜻한 사랑의 손길을 내밀어야 한다고 말하고 있습니다. 아무쪼록 이 책을 통해 우리 어린이들이 세계시민으로서 나눔을 실천하여 세계를 변화시키는 주인공으로 성장하길 기대합니다.

굿네이버스 회장 이일하

들어가는 글

애들아, 안녕?

우리는 세계 곳곳에 사는 아이들의 편지를 전달해 주는 사람이야.

이 책에는 모두 열 명의 아이들이 나와. 그 아이들은 '어린이'로서 누려야 할 권리조차 보호받지 못한 채 어렵게 살고 있어. 학교에 가서 공부하고 뛰어놀 시간에 일을 하는 아이가 있는가 하면, 몸이 아파도 병원에 갈 수 없는 아이도 있어. 어떤 아이는 깨끗한 물 한 모금 마시기도 힘들어.

그 아이들은 먼 곳에 사는 게 아니야. 비행기로 몇 시간만 가면 되는 곳에서 우리가 상상도 못했던 삶을 살고 있는 거야.

너무 불쌍하다고?

하지만 아이들은 그렇게 생각하지 않아. 어려운 환경 속에서도 꿋꿋하게 잘 이겨 내고 있거든.

투정부리거나 도망치지 않는 거야. 오히려 어린 동생이나 아픈 엄마 아빠를 돌볼 줄 알고, 다른 사람의 마음을 헤아릴 줄 알아. 우리처럼 저마다 자신이 되고 싶은 어른을 꿈꾸며 한 발짝씩 나아가고 있는 거야.

그 모습이 참 대견한 거 있지?

늘 약하고 부족한 줄 알았는데, 용기와 희망을 손에 꼭 쥐고 있더라고. 그래서 이 편지를 전달하는 내내 우리까지 힘이 솟았다니까.

혹시 이 글을 읽는 너희 중에도 어려움에 처한 사람이 있니?

만일 그렇다면 그 아이들처럼 힘을 내라고 말해 주고 싶어. 그래서 이번에는 너희가 주위의 다른 어려운 아이들에게 그 힘을 전달해 줬으면 좋겠어.

어때?

할 수 있겠니?

– 따뜻한 겨울을 꿈꾸는 희망 배달부가

차례

두 손으로 걷는 소년의 꿈 • 13

아프리카의 튼튼한 심장이 되고 싶은 아이 • 33

위험한 슬럼가의 쌍둥이 형제, 니젤과 포웰 • 47

쓰레기 더미에서 보물을 찾는 아이 • 61

희망의 꽃을 파는 소녀 • 81

언덕을 지고 사는 아이 • 99

일곱 살 꼬마의 홀로서기 • 115

세상 앞에 당당히 선 소녀 • 131

삼촌의 아내가 된 어린 신부 • 149

써르밀라, 꿈을 향해 날다 • 167

굿네이버스 세계시민교육 • 183

Chad

차드는 아프리카 중북부 내륙에 위치하며 수도는 은자메나이다. 국토가 바다로부터 떨어져 있고, 대부분의 지역이 사막기후인 탓에 '아프리카의 검은 심장'이라고 불린다. 수단, 소말리아와 함께 세계 최빈국으로 꼽힌다.

서아프리카 대부분의 나라들에 비해 의료시설이 특히 낙후되어 있고, 의료진도 절대적으로 부족하다. 위생 상태 또한 좋지 않아 국민의 생명과 건강이 위협받고 있다. 평균수명은 약 47세로 굉장히 낮은 편이며 유아 사망률 또한 매우 높다.

두 손으로 걷는 소년의 꿈

- 이름 : 이삭
- 국적 : 차드
- 성별 및 나이 : 남, 12세
- 가족사항 : 엄마, 동생 3명
- 장래희망 : 가게기술자

안녕?

나는 이삭 압둘라이라고 해. 모두들 이삭이라 불러.

열두 살이고, 사진으로 보다시피 남자야.

나는 '차드'라는 나라에 살고 있어. 차드, 처음 들어본다고? 차드는 아프리카 중북부에 위치한 나라야. 비가 오지 않을 때는 60도가 넘는 매우 더운 곳이지. 그래서 우리 나라는 늘 물이 부족하고, 땅이 메말라 있어. 가만 있어도 땀이 줄줄 흐른다면 어느 정도인지 알겠니?

나는 수도인 은자메나에서 30킬로미터 떨어진 시골에 살아.

이삭은 불편한 몸으로 힘겹게 밭일을 해가며 엄마와 함께 가족의 생계를 책임지고 있습니다.

마을 사람들 대부분은 농사를 짓는데, 우리 가족도 남의 밭에 나가 일을 도와주고 품삯을 받아. 우리 가족은 엄마, 나, 동생 셋 이렇게 다섯 명이야. 그중 나는 가장이야. 아빠가 몇 년 전에 돌아가셨거든.

우리 마을에는 전기가 들어오지 않아. 간혹 전기를 쓰는 집이 있긴 하지만, 거의 등잔에 기름을 부어 불을 밝히거나 초를 사용해. 그나마 다행인 건 얼마 전에 이곳에도 펌프가 설치됐다는 거야.

전에는 물을 한번 길어오려면 마을에서 두 시간이나 떨어진 강까지 걸어가야 했거든. 누런 흙물에 염소며 소, 돼지들도 마시는 물이라 어느 때는 가축들의 배설물도 둥둥 떠다녀. 냄새나고 더럽지만 그것이 우리가 유일하게 구할 수 있는 물이었어. 운이 좋으면 웅덩이에 고인 빗물을 마시기도 하지만, 비가 오는 날은 매우 드물어.

마을에는 더러운 강물을 먹고 콜레라로 죽은 사람도 있어. 물속에 사는 기생충이 뱃속으로 들어가면 배가 점점 부풀어오르거든. 주로 어린아이들이 그래. 태어나 예방주사를 맞아 본 적이 없는데다 늘 굶주려 있기 때문이야. 이웃집에 사는 갓난아기도 병원 한번 못 가 보고 세상을 떠났어.

   진작 병원에 갔어야 했는데, 사실 그러기가 쉽지 않아. 우리 마을에는 병원이 없거든. 병원이 있는 시내까지 간다 해도 우리에게는 치료비가 없어. 아기가 아파 울어도 끌어안고 다독여 주는 것 외엔 할 수 있는 게 없는 거야. 구충제 한 알이면 치료되는 병에도 목숨을 잃는 거지. 그런 우리 마을에 펌프가 설치됐다니 얼

이삭은 60도의 뜨거운 아프리카 땅을 두 발이 아닌 두 손으로 걷습니다.

마나 기뻤겠니.

펌프에서 처음으로 물이 뿜어져 나왔던 날, 마을 사람들 모두 그 장면을 숨죽이고 지켜봤어. 펌프 저 깊숙한 곳에서 쿨렁쿨렁 소리가 들리더니 정말 물이 쏟아지는 거야. 이제껏 그렇게 깨끗한 물은 처음 봤어. 우리는 환호성을 지르며 팔짝팔짝 뛰었어. 어른들은 우리보다 더 놀랐는지, 두 눈만 깜빡거렸지. 너도나도 손으로 물을 받아 마시고 나서야 얼싸안고 환호성을 질렀어. 그 펌프 한 대가 우리에게는 구세주였던 거야.

마을에는 구호물자를 실은 차가 오기도 해. 그날이 되면 해뜨기 전부터 사람들이 앞다퉈 줄을 서. 조금이라도 더 받으려고 서로 싸우기도 하지. 그들은 우리에게 감자와 옥수수 같은 곡물을 나눠주거든. 한 사람 앞에 돌아가는 양은 고작 냄비 한 솥 정도밖에 안 되지만, 이마저도 없으면 살기가 힘들어.

어느 때는 여러 나라 기자들이 마을을 찾아오기도 해. 내 뒤틀린 다리를 보고 놀란 그들은, 여러 각도에서 사진을 찍고 이것저것 물어봐.

"걸을 수 없어서 불편하지 않니?"

"더운 날 밭에 나가 하루 종일 일하는 게 힘들지 않니?"

나는 그것이 참 바보 같은 질문이라고 생각해.

걷지 못한다는 걸 한탄할 시간이 없으니까. 밭에 나가 일하는 것 말고는 달리 돈 벌 방법도 없고 말이야.

그래, 내게는 불편하다고, 힘들다고 생각할 여유가 없어. 당장 먹을 게 없는데 어떻게 그런 생각을 할 수 있겠니?

여기에선 걸을 정도만 되면 누구나 일을 해. 아무도 이상하게 생각하지 않아. 올해 네 살이 된 내 동생도 밭에 나가 흙을 고르고 풀을 뽑아. 자신이 무엇을 하는지도 모른 채 말이야.

그렇게 일한 품삯은 고작 600세빠. 한국 돈으로 2,000원밖에 안 돼. 하지만 그 돈이면 우리 가족이 먹을 수수가루며 설탕을 살 수 있어. 하루 종일 일해야 다음 날 한 끼를 해결할 수 있는 거야. 더위에 숨이 턱턱 막혀도, 팔이 떨어져 나갈 것 같아도 내 호미질에 식구들의 한 끼가 달렸으니 잠시도 손을 쉴 수 없어.

나를 힘들게 하는 건 태어날 때부터 뒤틀린 두 다리가 아니야. 하루 종일 땡볕에서 일하는 게 아니야. 여기선 모두가 아무렇지 않게 날 대하니까. 또 다 그렇게 일을 하니까.

오히려 생각 없이 던지는 그 말들이, 좋은 구경거리를 찾은 듯 함부로 찍어대는 사진들이 나를 더 힘들게 해.

플래시가 터질 때마다 온몸이 오그라드는 기분이라면 어떤 건지 알겠니? 사진 속, 땀을 철철 흘리며 호미질을 하는 내가, 두 손으로 땅을 걷는 내가, 그런 내가 마치 나의 전부인 것처럼 보일 것 같아 화가 나.

이런 내 마음을 알았는지 아저씨가 다가왔어. 아저씨는 구호단체에서 일하시는 분인데, 우리 마을에는 오래전에 오셨어. 아저씨는 무릎을 구부려 나와 키를 맞추고는 내 눈을 보며 말했어.

이삭은 가족의 생계를 위해 그리고 자신의 꿈을 위해 오늘도 두 손으로 걷습니다.

"이삭, 네 모습을 팔아 구걸하는 게 아니야. 너를 알리는 거야. 이 땅에는 어려움에 처한 어린이들이 이렇게 많이 있다고, 모두가 나서서 이 아이들을 도와주고 보호해 줘야 한다고."

아저씨도 한국에 가족이 있다고 했어. 내 또래 아이가 둘 있다고. 그래서 내가, 이곳의 아이들이 더 마음 아프다고 했어.

아저씨는 주머니에서 휴대전화라는 걸 꺼내 보여 주셨어. 나는 처음 보는 그 기계도 놀라웠지만, 그 안에 담긴 사진이 더 놀라웠어.

남자 아이와 여자 아이가 브이를 하며 환하게 웃는 사진이었는데, 손바닥만한 그 사진 안에는 많은 것이 담겨 있더라. 그 아이들은 하나도 배고파 보이지 않았어. 옷도 잘 입었고, 아이들 뒤로는 층층이 불을 밝힌 높은 건물들도 있었어. 나는 아저씨에게 물었어.

"이거 진짜예요? 정말이래요?"

내 눈엔 모두 거짓말처럼 보였거든.

아저씨는 침을 꿀꺽 삼켰어. "그럼, 진짜지." 하는 순간 내가 더 마음 상할까 봐 말을 못하는 것 같았어. 하지만 망설이는 그 눈에서 나는 벌써 대답을 들었어.

"한국은 여기서 얼마나 멀어요?"

"비행기로 하루 정도?"

하루만 가면 완전 다른 세상이 있다니. 이게 말이 되니?

마을 안에서, 마을 사람들과 지낼 때는 아무렇지 않았는데 순간 이상한 기분이 들더라.

왜 우린 굶주려야 하나, 우린 아무 잘못도 없는데…….

억울하고 불공평하다는 생각이 들었어. 지금 일하고 있는 이 땅을 평생 벗어날 수 없을지도 모른다 생각하니, 온몸에 기운이 쭉 빠졌어. 이제야 다 이렇게 사는 게 아니란 걸 알았어. 기자들이 왜 날 그렇게 쳐다보고 질문했는지도 조금은 알 것 같더라.

그날 평소보다 늦게 집에 도착했는데, 엄마와 동생들이 밥도 안 먹고 나를 기다리고 있었어.

"형! 왜 이제 와?"

"엄마가 뭘 만들었는지 빨리 와서 봐."

동생들이 양쪽 팔을 잡아당겼어. 엄마는 저녁상 앞에 앉아 빙그레 웃고 계셨지.

오랜만에 보는 그 음식이, 우리 네 식구가 땡볕에서 일한 값으로 차린 그 음식이, 그렇게 초라해 보일 수가 없더라. 단 한번도 그런 생각을 해 본 적 없었는데 말이야. 차라리, 아무것도 몰랐던 때가 좋았다는 생각도 들었어.

 자리에 누웠는데도 잠이 오지 않았어. 누우면 바로 곯아떨어지던 내가 말이야. 전깃불도 없는 캄캄한 방안이 꼭 내 미래를 보는 것 같았어. 그래서 조금 울었어. 엄마가 그런 내 등을 쓰다듬어 주셨어. 엄만 오늘, 내 모습을 다 보셨거든.

 다음날 아저씨는 일찌감치 나를 찾아 밭으로 왔어. 내가 마음

힘든 내색 한번 하지 않는 이삭을 바라보는 엄마의 눈에는 눈물이 맺힙니다.

에 걸려 일부러 왔다는 걸 알지만, 아저씨가 하나도 반갑지 않았어. 우리에게 펌프를 놓아 주고, 식량을 주고, 무엇보다 나를 자식처럼 대해 주던 아저씨가 처음으로 미웠어.

아저씨는 아무 말 없이 내 곁에 쭈그리고 앉아 풀만 뽑았어. 반나절이 다 가도록 묵묵히 일을 도와줬지. 나는 그제야 아저씨에게 미안하다는 생각이 들었어. 아저씨가 잘못한 건 아무것도 없었거든.

나는 플라스틱 통에 든 미지근한 물을 아저씨에게 건넸어. 아저씨가 풋 웃으며 물통을 받았어.

"이삭, 마을에 학교가 생길 거야. 너에게 이 말을 하고 싶어 얼마나 입이 근질거렸는지 몰라."

학교가, 생긴다고?

우리 마을에는 학교가 없거든. 다른 마을에 있는 학교까지 가려면 20킬로미터나 더 걸어가야 해. 그런데 우리 마을에도 학교가 생긴다니.

하지만 기분 좋은 것도 잠시였어. 또 다른 생각이 들었거든.

"학교에 다니면 뭐가 달라지는데요? 공부를 한다고 해서 지금보다 생활이 나아질까요?"

그럴 마음은 아니었는데, 나도 모르게 쏘아붙이고 말았어. 아저씨도 놀랐는지 말을 잇지 못하다가 다시 나를 보며 진지하게 말했어.

"공부를 하면 더 나은 직업을 구할 수 있지."

아저씨는 한 걸음 더 다가와 나에게 물었어.

"이삭, 네 꿈은 뭐니?"

가슴이 두근거렸어. 한번도 그런 질문을 받아 본 적이 없었거든. 어느 누구도, 나에게 그런 질문을 한 적이 없었던 거야. 나는 아무도 없는 주변을 다시 한 번 둘러보고는 아주 작게 말했어.

"기술자요."

그 짧은 말을 하면서도 내 목소리는 심하게 떨렸어. 처음이었거든. 내 꿈을 입 밖으로 말해 본 게 말이야.

나는 슬쩍 아저씨 눈치를 살폈어. 혹시 터무니없는 생각이라며 웃고 있지는 않을까 해서 말이야. 아저씨는 정말 웃고 있었어. 하지만 그 웃음은 나를 비웃는 웃음이 아니었어.

"아아, 그래서 내 자전거를 그렇게 잘 고쳐 줬구나. 내가 이삭의 첫 고객이었는걸?"

나는 아저씨가 그 일을 기억할 줄 몰랐어. 오래전에 자전거 체

두 손으로 걸어야 하는 이삭은 학교에 가는 일조차 쉽지 않지만 단 한 번도 학교를 빠진 적이 없습니다.

인을 고쳐드렸거든. 나 아닌 다른 사람도 할 수 있었을 그 일을 아저씨가 인정해 준 거야. 내 입가에도 웃음이 맺혔어.

"그런데 이삭, 왜 기술자가 되고 싶니?"

나는 아저씨를 향해 손바닥을 활짝 펴 보였어.

"이렇게 두 손만 있으면 되니까요."

장난처럼 말했는데, 말한 순간 내가 기술자로서의 자격을 모두 갖추고 있었구나 싶었어. 나는 내 손바닥을 이리저리 보고는 용기 내어 덧붙였어.

"저처럼 힘들게 사는 아이들이 있다면, 아저씨가 그랬듯이 저도 그 아이들에게 꼭 필요한 무언가를 만들어 주고 싶어요. 이 두 손으로요."

말을 하고 나니 좀 쑥스러웠어. 그래서 차마 아저씨를 보지 못하고 다시 호미질을 했지. 그런 나를, 아저씨가 꼭 안아 주었어. 흙먼지를 뒤집어쓰고 땀에 끈적끈적한 나를 아저씨는 오랫동안 안아 주었어.

아저씨가 작게 속삭였어.

"이삭, 네 이름의 뜻이 한국말로 뭔 줄 아니?"

나는 고개를 저었어. '이삭'이라는 단어가 한국에도 있다니,

한번도 생각해 본 적 없었거든.

"곡식에서 열매가 열리는 부분이야."

순간, 가슴이 찌르르 하더니 정말 가슴 한구석에 작은 열매 하나가 달리는 기분이 들었어.

"누구나 자신이 원하는 삶을 살기란 정말 힘들어. 어쩜 네겐 더 힘들고, 더 오래 걸릴지도 몰라."

아저씨가 나를 바라봤어.

"그래도, 멋진 열매가 맺히도록 노력할 거지?"

아저씨 두 눈에 내가 오롯이 들어 있었어. 땀 흘리며 호미질을 하는 모습이었지만, 그게 전부가 아님을 나는 알고 있었어. 나는 아저씨가 잘 볼 수 있게 고개를 크게 끄덕였어.

이제 알 것 같아. 내가 무언가가 될 수 있느냐 없느냐가 중요한 게 아니란 걸. 나에게도 목표가 생겼다는 게 더 중요하다는 걸.

학교가 세워지는 데는 오래 걸리지 않았어. 우리에게는 비와 햇빛을 피할 수 있는 곳이면 어디든 상관없거든. 지푸라기를 엮어 벽을 두르고 천장을 얹은 학교는 정말 근사했어. 나도 하루 일이 끝나면 학교로 찾아가 일을 거들었지.

여러 학년이 통합된 교실에다가, 옆 반 아이들의 목소리가 다

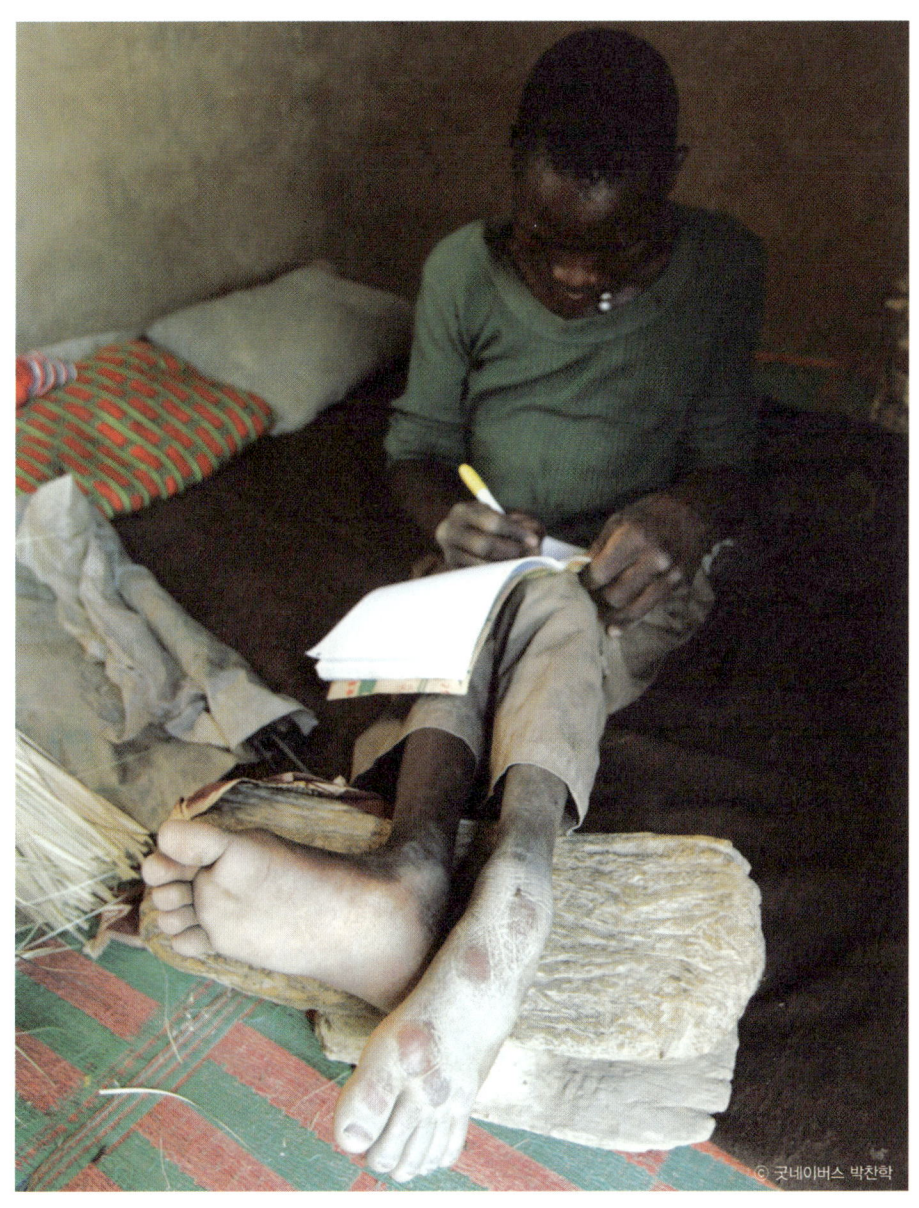

늦은 밤, 이삭은 피곤한 몸을 누이기도 전에 방 한구석에 앉아 책을 폅니다.

들리는 정신없는 교실이지만 아무도 불평하지 않았어. 아직도 많은 아이들이 공부를 하고 싶어도 못한다는 걸 우린 잘 알고 있거든. 우리에게 이 시간이 얼마나 소중한지도 알고 말이야.

나는 매일 학교에서 글을 배우고 수를 익히고 그림을 그려. 물론 학교가 끝나면 다시 밭에 나가 일을 해. 몸은 힘들지만 마음은 즐거워. 내가 몰랐던 세상 밖으로 한 걸음 나아간 기분이거든. 내 앞에 또 다른 세상이 펼쳐진 기분, 넌 알겠니?

지구촌 친구들에게 보내는 희망의 편지

To. 아프리카에 있는 여러 친구들에게....

여러 친구들아 안녕? 나는 대한민국 청주에 살고 있는 유환이라고 해. 나는 학교에서 짧은 동영상 두 편으로 너희 들의 슬픈 소식을 접하게 됐어. 예전부터 너희들을 위해 도와는 왔지만, 너희 소식들을 직접적으로 알게 된건 이번이 처음이야. 나는 동영상을 보며 만약 나의 가족이 없고, 먹을 것도 입고, 살곳도 없다면 어떨까 하고, 생각해봤어. 생각만으로 눈이 나오고. 생각하기도 싫었어. 우리나라같이 잘 사는 사람들은 뭔가를 얻어도, 더 갖고 싶다는 생각을 하지. 하지만 너희들은 어린이인데도. 하루하루를 살아가기 위해, 밥 한끼를 위해, 열심히 일하잖아. 그걸 보며 너희들은 참 어른스럽구나 하고. 생각했어. 우리나라에서는 어린이들이 일은 한다는건 있을 수 없어. 자신이 일은 하나도 안 하고 더 많이 원하려고 만 하지. 그에 비하면 너희는 우리보다 한참 위에 있어. 너희는 우직 열심히 일해도, 하루 한끼 겨우 해결할 정도잖아. 그래서 역시 올해도 너희들을 위해 우리 가족은 2주동안 저금통을 모았어. 비록 적은 돈 이지만 너희들이 이 돈으로. 너희가 학교를 다니고, 밥을 먹고, 병에 걸린 친구는 병이 깔끔히 나았음 좋겠어. 이렇게 너희를 위해 도울 수 있는건 4명이 아니라. 전세계인이 모두가 너희들 위해 도울 수가 있어!!! 그러니 항상 힘내고, 하루하루를 힘써서, 용차고재밌게 살아야해. 친구들아. 안녕!!! 그리고 이 그림처럼 전세계 어린이들과 손 잡고 웃음 날이 은 거야!! 안녕

한별초등 학교 6 학년 2 반
이름 유환

★ 이 책에 실린 편지들은 '지구촌 희망편지쓰기대회' 수상작 및 응모작입니다.

▶ 유환 어린이의 그림

Chad

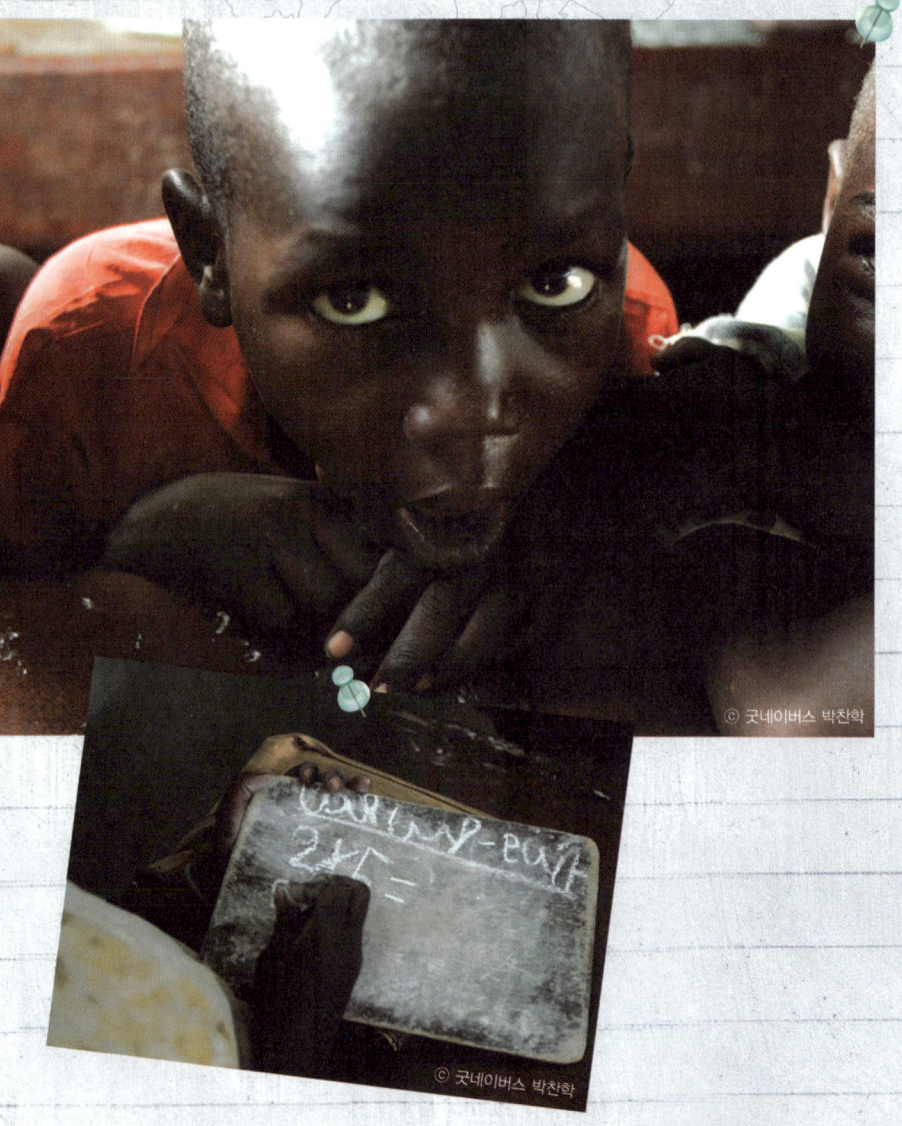

아프리카의 튼튼한
심장이 되고 싶은 아이

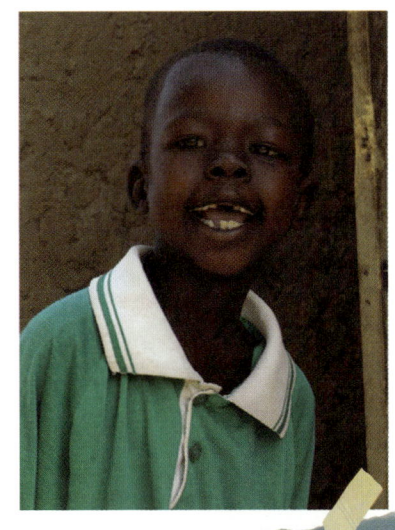

- 이름 : 엠마
- 국적 : 차드
- 성별 몇 나이 : 남, 8세
- 가족사항 : 아빠, 엄마
- 장래희망 : 의사

애들아, 안녕!

형아 누나들도 안녕!

나는 차드에 사는 여덟 살 엠마야.

아빠가 그러시는데 내가 사는 곳은 아프리카에서 딱 가운데 있대. 그래서 사람들은 '아프리카의 심장'이라고 부른다고 하셨어.

"엠마, 가슴에 손을 한번 대봐. 발딱발딱 뛰는 소리가 들리지? 심장이 뛰는 거야. 여기가 아프면 사람은 숨을 쉴 수가 없어. 숨을 못 쉬면 죽고 말아."

아빠는 우리가 사는 차드도 그만큼 중요한 곳이라고 하셨어.

어떤 사람들은 '죽은 심장'이라고 한다지만, 그건 틀린 말 같아. 정말 그런 거라면 우리가 어떻게 이렇게 살아 있을 수 있겠어. 안 그래?

나도 왜 그런 말을 하는지는 알아. 우리 나라가 무척 가난해서라는 거. 전쟁을 하도 오래해서 그렇대. 우리 아빠가 군인이시라 그런 말씀을 자주 하시거든.

가난하다는 건 많이 아픈 건가 봐. 아줌마들 품에 안겨 있는 아기들이 삐쩍 말라서 힘없이 축 늘어져 있는 걸 보면.

우리 마을엔 다리가 휜 아이들도 많아. 어렸을 때 소아마비에 걸려서 그런 건데, 약을 구할 수 없어서 몸이 굳어져 가는 거래.

병원? 어디에 있는 줄은

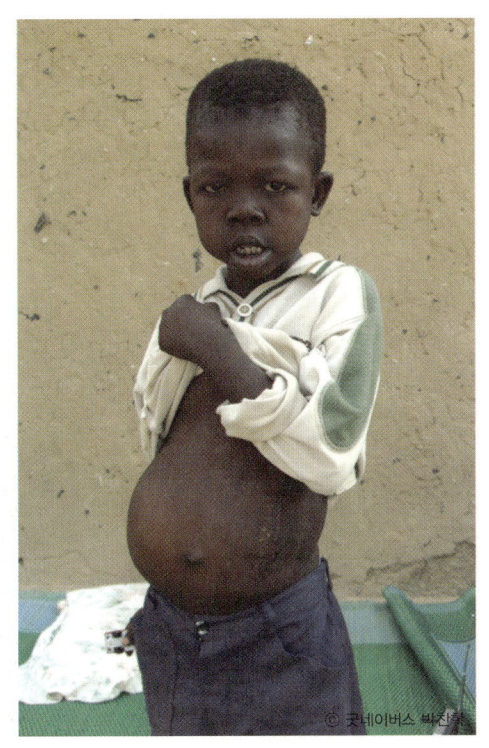

엠마는 태어날 때부터 불룩 튀어나온 배 때문에 마음껏 달려 본 적이 한번도 없습니다.

약 한 방울만 먹어도 소아마비는 충분히 예방할 수 있습니다. 하지만 가난에 시달리는 차드의 아이들에겐 그마저도 쉽지 않은 일입니다.

ⓒ 굿네이버스 박찬학

다 알아. 하지만 너무 멀고, 돈도 없어서 아무나 갈 수가 없어.

난 소아마비는 아니야. 씩씩하게 서 있는 거 보이잖아. 근데 얼마 전까지 배가 무지 아팠어.

난 태어날 때부터 장이 밖으로 튀어나와 있었대. 배의 근육이 자라지 않아서 그렇다는데 제때 치료를 못 받아서 커서도 배가 불룩했어. 그래서 엄마가 쌀을 찧어 만들어 주신 허연 미음밖에 못 먹었어. 미음마저 토해 버리면 배가 뒤틀려서 며칠씩 누워 있어야 했지.

난 한번도 뜀박질을 해 본 적이 없었어. 배가 출렁거려서 뛸 수도 없지만 잘못 뛰었다가 넘어지면 큰일이거든. 그래서 아이들이 공 차는 모습을 늘 바라보기만 했어.

그렇다고 난 기죽지 않았어. 뛰어다니지 않아도 할 수 있는 일들을 찾으면 되니까.

난 비행기 구경을 많이 했어. 우리 집 마당에서 하늘을 보면 비행기가 자주 보였어. 어렸을 땐 그게 큰 독수리인 줄 알고 얼마나 놀랐는데. 무서워서 집안으로 숨고 그랬다니까.

좀 커선 비행기가 좋았어. 아빠가 자주 집에 못 오시고 엄마가 학교에 가서 혼자 있곤 했는데, 하늘을 올려다보면 덜 심심했어.

쿠우쿡-

이렇게 비행기가 다가오는 소리가 들리면 막 가슴이 떨렸어. 일어나 손을 흔들기도 했어. 비행기에서 누군가 나를 내려다볼 것만 같아 인사를 했던 거야. 그리고 나면 나 혼자 있는 것 같지 않아서 지루하지 않았거든.

엄마가 늦어 혼자 있기 무서울 땐 옆집 누나네로 가 있었어. 누나는 두 다리를 질질 끌고 다녀야 할 만큼 소아마비가 심해서 거의 집에서 지냈어. 그래서 내 이야길 듣는 걸 참 좋아했어. 내가 밖에서 있었던 일들을 말해 주면 늘 고개를 끄덕거리며 눈을 반짝였어.

"누나, 낮에 또 비행기 봤다! 나도 꼭 한번 타 보고 싶어."

"그럼 파일럿이 돼야겠구나."

"파, 팔롯?"

누나가 씩 웃으며 말했어.

"조종사 말이야. 비행기를 운전하는 사람."

나는 그 말을 듣고 입이 떡 벌어졌어. 생각해 보니까 멋있긴 했지만 어쩐지 겁이 났어. 어떻게 그 커다란 비행기를 운전하나 싶어서.

누나는 내 겁먹은 표정이 재밌는지 또 씨익 웃었어.

누나는 형제가 없어서 날 친동생처럼 대해 줬어. 나도 혼자여서 누나랑 있는 게 참 좋았어.

그런데 누나한테 미안한 일이 생겼어. 나만 수술을 받게 된 거야. 해외로 봉사활동을 나왔던 사람들이 도와줘서 말이야.

그때 우리 동네 아이들을 병원에 데려간 적이 있었어. 아픈 아이들이 많아서 다 가진 못하고 몇 명만 가게 됐어. 영양실조였던 내 친구 동생은 죽을 먹고 이틀 만에 훨씬 좋아졌어. 매일 멍한 표정으로 누워만 있었는데 조금씩 걸어다니기까지 했지. 내 친구가 고맙다고 인사를 하는데 나도 따라서 넙죽 인사를 했어. 내 동생은 아니지만 덩달아 기분이 좋았어.

그런데 옆집 누나는 상태가 심해서 고칠 수가 없다고 했어. 이미 근육이 딱딱하게 굳어 버려서 약을 먹어도 주사를 놔도 소용이 없다는 거야. 누나의 큰 눈에서 눈물이 뚝뚝 떨어졌어. 내가 눈물을 닦아 줘도 계속 눈물이 흘렀어.

다음은 내 차례였어. 의사 선생님이 내 배를 꾹꾹 눌러 보는데 가슴이 콩닥콩닥 뛰었어. 고개를 설레설레 흔드는 선생님의 표정이 너무 심각해 보였거든.

그런데 의사 선생님은 나한테 아무 말도 안 했어. 대신 같이 간 사람들과 우리 엄마한테 뭐라고 이야길 했어.

엄마는 집에 와서도 하루 종일 이상했어. 날 보고 잘 웃지도 않고 학교 갈 생각도 안 했어. 엄마는 조산사가 되려고 학교에 다녔는데, 그날은 아빠가 올 때까지 꼼짝도 안 했어.

아빠가 퇴근하고 오셨을 때야 엄마는 머뭇거리다 말을 꺼냈어. 내가 수술을 받아야 한다고. 우리 나라가 아니라 먼 나라까지 가서 말이야.

"정말 좋지만, 워낙 어려운 수술이라…… 위험할 수도 있대요."

엄마는 목에 뭐라도 걸린 사람처럼 어렵게 말했어.

한동안 말이 없던 아빠는 나랑 눈이 딱 마주치곤 어색하게 웃으셨어.

"걱정 마! 미리부터 그럴 거 없어."

씩씩하게 말했지만 어쩐지 아빠 목소리가 떨리는 것 같았어.

"우리 엠마는 잘해낼 거야. 그렇지 우리 아들?"

나는 무슨 소린지 모르지만 얼른 고개를 끄덕였어. 아빠가 잘할 수 있다면 그럴 수 있을 것 같았으니까.

역시 아빠 말이 맞았어. 난 하나도 안 떨고 잘해냈어.

그래, 솔직하게 말할게.

수술실에 들어갈 땐 무서워 죽을 뻔했어. 엄마 손을 꼬옥 잡고 있을 땐 참을 수 있을 줄 알았는데, 손을 놓는 순간 몸이 부들부들 떨렸어. 나 혼자 수술실로 들어가야 한다는 게 끔찍하게 싫어서 막 울어 버리고 싶었어.

'엄마, 나 집에 갈래, 갈 거야!'

속으론 열 번도 더 말했던 것 같아.

'도망갈까?'

이런 생각도 스무 번은 더 했어.

하지만 난 수술을 잘 받고 깨어났어. 도망가지 않길 잘했단 생각이 들었어. 엄마랑 아빠가 그렇게 환하게 웃는 모습은 처음 봤

그동안 어려운 가정 형편 때문에 엠마의 수술을 엄두조차 내지 못하고 있었던 부모님은 이제야 무거운 짐을 내려놓을 수 있을 것 같습니다.

거든.

다시 우리 나라로 돌아왔을 땐 친구들이 더 신기해했어. 배에 달려 있던 혹이 없어진 게 이상한지 다들 한 번씩 만져 보려고 난리였어. 수술 자국이 지네같이 생겼다고 놀리기도 했지만 아이들이 내 주위에 몰려드는 게 마냥 좋았어.

이젠 내 배에서 톡 튀어나온 건 작은 배꼽밖에 없어. 잠결에 배를 만지다 깜짝깜짝 놀라지도 않아. 수술했다는 걸 까먹고 자다가 몇 번씩 일어난 적이 있었거든.

가끔씩 일부러 엎드려 자기는 해. 늘 옆으로만 잤었지 한 번도 그래 본 적이 없었으니까. 배를 깔고 누우면 숨을 쉴 때마다 등이 올라갔다 내려갔다 하는 느낌이 좋아. 꼭 잘 자라고 등을

사람들은 차드를 '아프리카의 검은 심장'이라고 하지만 엠마는 그렇게 생각하지 않습니다. 모두가 힘을 합치면 차드도 분명 건강한 나라가 될 거라고 믿습니다.

가만가만 토닥여 주는 것만 같아서 잠도 잘 와.

그렇게 난 수술 후에 건강해졌어. 하지만 공차기 같은 걸 하진 않아. 그런 건 언제든지 할 수 있잖아.

내가 하고 싶은 건 따로 있었어. 누나를 업어 주고 싶었어. 예전엔 배에 힘이 들어가서 그럴 수 없었는데 이젠 문제없어. 그리고 내 등에 업힌 누나는 하나도 무겁지 않았어. 나보다 두 살이나 많은데 꼭 동생을 업은 것처럼 가볍기만 했어.

우리는 종종 형들이 축구하는 모습을 함께 구경했어.

"저 형들은 나중에 유명한 축구 선수가 될 거래. 누나는 뭐가 되고 싶어?"

"나? ……나는 간호사가 되고 싶어. 넌?"

난 얼른 대답하지 못했어. 되고 싶은 게 너무 많아서 뭘 해야 할지 아직 잘 모르겠거든. 파일럿이 되고 싶었는데 학교에 다녀 보니까 선생님이 되게 멋져 보였어. 공부를 열심히 해서 의사가 되고 싶기도 했어. 어떤 병이든 잘 고치는 의사가 되면 누나를 낫게 해줄 수도 있잖아.

난 일요일이면 누나를 업고 교회에 가. 그리고 늘 같은 기도를 해.

'우리 마을에 아픈 사람들이 없게 해 주세요. 실은 되게 미안하거든요. 나만 병이 나아서 진짜 무지무지 미안하단 말이에요. 그러니까 꼭 들어주셔야 해요.'

두 손을 모으고 이렇게 간절하게 말이야.

아빠도 늘 말씀하시거든.

"너희는 '차드의 심장'이야. 아이들이 아프면 우리 나라는 숨을 쉴 수가 없어. 너희가 건강해야 차드도 건강해질 수 있는 거야."

그러니까 하나님이 내 기도를 들어주셔야 하는 거잖아.

누나가 커서 간호사가 되고 내가 커서 의사가 되면 우리 나라에 아픈 아이들이 없어질까? 형들이 커서 축구 선수가 되면 우리가 사는 차드도 튼튼해질 수 있을까?

너희도 기도해 줄래? 하나님이 내 기도를 꼭 들어 달라고 말이야.

꼭이야!

지구촌 친구들에게 보내는 희망의 편지

이삭 오빠에게!

저는 서울나우초등학교 1학년에 다니고 있는 박수연입니다. "다리가 불편해서 얼마나 힘들까?" 생각했어요. 오빠처럼 어려움을 겪고있는 사람들에게 동전 하나라도 더 모아 보내고 싶은 마음에 부모님 심부름, 안마해드리기, 설거지등을 하면서 칭찬도 받고 용돈도 받아서 저축 했어요. 열심히 모은 돈들이 빨리 오빠한테로 가서 도움이 되었으면 참 좋겠어요. 밥 많이 먹고 건강해져서 오빠의 소원인 기계 기술자가 꼭 되세요. 튼튼해져서 예쁜 여자친구도 사귀세요. 저의 소원은요 리사인데 빨리 커서 아프리카에 가서 제가 만든 빵을 구워 주고 싶어요.
그럼 안녕히 계세요. 이삭 오빠 파이팅!

2009년 6월 5일 박수연올림

서울나우초등학교 1학년 5반
이름 박수연

★ 이 책에 실린 편지들은 '지구촌 희망편지쓰기대회' 수상작 및 응모작입니다.

Kenya

ⓒ 굿네이버스 이요셉

케냐는 아프리카 대륙 동부에 위치하며 수도는 나이로비이다. 케냐에는 키쿠유족, 루야족, 마사이족 등 여러 인종이 섞여 살고 있다.

수도인 나이로비에는 일자리를 찾아 몰려드는 지방 사람들로 인해 거대한 슬럼(가난한 사람들이 모여 사는, 도시의 한 지역)이 형성되어 있다.

케냐는 1964년에 1대 대통령인 케냐타가 취임하면서 1980년대까지는 독립국가로서 성공적인 경제성장을 이루었다. 하지만 그후 부정부패, 종족 갈등, 범죄, 테러리즘, 자연재해 등으로 국가적 어려움을 겪고 있다.

위험한 슬럼가의
쌍둥이 형제, 니젤과 포웰

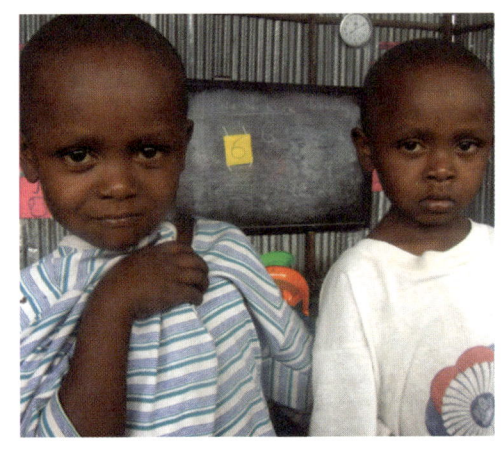

- 이름 : 니젤, 포웰(쌍둥이)
- 국적 : 케냐
- 성별 및 나이 : 남, 6세
- 가족사항 : 엄마, 동생
- 꿈 : 가족 모두 배부르게 먹는 것

잠보(안녕)!

우린 케냐에 사는 니젤과 포웰이야.

사진을 보면 왼쪽에 있는 게 니젤이고 오른쪽에 멋있게 서 있는 게 나야. 우린 쌍둥이야. 그렇다고 다 똑같진 않아. 니젤이 나보다 키는 조금 크긴 하지만, 얼굴은 내가 더 잘생겼지?

처음엔 서로 편지를 쓰겠다고 싸울 줄 알았어. 그런데 니젤이 얼른 나한테 쓰라고 양보하지 뭐야. 10분 더 일찍 태어났다고 뭐든지 자기가 먼저 해야 한다더니, 편지 쓰는 건 자신이 없대. 솔직히 말은 내가 더 잘하니까. 그래서 내가 대표로 쓰게 됐어.

니젤과 포웰은 나이로비에 있는 거대한 슬럼가에 살고 있습니다.

우리는 주간보육센터에 다니고 있어. 낮에 엄마들이 일하러 간 동안 아이들을 공짜로 돌봐 주는 곳이야.

우린 센터에 가는 게 참 좋아. 엄마랑 집에 있을 땐 좀 심심했거든. 멀리 센터 지붕이 보이면 저절로 달리게 돼. 먼저 온 아이들이 두런대는 소리만 들어도 기분이 좋아진다니까.

난 친구들하고 놀 때가 제일 신나. 찰흙으로 동물을 만들거나 색종이로 로봇 접기 시합을 하면 얼마나 재밌는데.

니젤은 영어를 배울 수 있어서 좋대. 우리 나라는 영어도 같이 쓰거든. 다른 사람이 영어로 말하면 알아듣지 못해서 답답했는데 이젠 아니야. 제법 말도 할 줄 알아. 선생님들이 친절하게 잘 가르쳐 주셔서 귀에 쏙쏙 들어오던걸. 우리 엄마도 늘 예쁘게 말하면 좋겠는데 안 그래. 아무 때나 짜증을 잘 내.

우리 엄마는 원래 안 그랬어. 일을 하고 와서 피곤해도 우리한테 간식도 만들어 주고 잘 웃어 줬어. 그런데 지금은 웃을 힘조차 없나 봐. 동생을 낳고 몸이 아파서 집에 누워만 계시거든. 우리를 센터에 맡기는 이유도 그 때문이야. 동생은 엄마 젖을 못 먹어서 늘 배가 홀쭉해. 엄마가 먹은 것이 별로 없어서 그런 거야.

그래서 우리는 센터에서 빵을 주면 조금씩 남겼어. 몰래 주머

니젤과 포웰은 하루 중에 친구들과 어울려 공부할 수 있는 시간이 가장 행복하다고 말합니다.

니에 넣어 두었다가 집에 가져가려고. 바깥 놀이를 할 때도 일부러 안 뛰었어. 뛰고 나면 배가 많이 고파지잖아. 그러다 빵을 다 먹어 버리고 싶어질까 봐 천천히 걸어다녔어.

근데 며칠 전엔 그럴 수가 없었어. 그날은 갑자기 수프에 우갈리(옥수수가루로 만든 케냐의 주식)를 넣은 음식이 나왔지 뭐야. 아이들은 맛있게 잘 먹는데, 우린 너무 슬퍼서 멍하니 그릇만 바라봤어. 아무도 없었다면, 우갈리를 꾹 짜서 주머니에 넣어 오고 싶었어.

그날 우리는 바로 집으로 가지 않았어. 쓰레기장이 있는 쪽으로 뛰었어. 엄마가 그런 곳에 간 줄 알면 분명 혼낼 테지만 어쩔 수 없었어.

쓰레기들은 들판 가득 널려 있었어. 지독한 냄새가 풀풀 나서

이곳 아이들에게는 센터에서 주는 점심이 허기진 배를 달래는 유일한 한 끼 식사입니다.

어지러웠지만 열심히 쓰레기를 뒤졌어. 고물상에 팔 물건을 하나라도 더 찾아내려고 말이야.

그런데 우리가 너무 늦게 갔나 봐. 팔 수 있는 물건들은 벌써 다 집어가 버리고 별로 없더라고. 몇 개 찾아내긴 했지만 그것마저도 다른 사람에게 뺏겨 버리고 말았어.

그래서 우리는 시내에 나가 병을 줍기로 했어. 지난번에 동네 형들이 거기까지 가서 병을 주워 오는 걸 본 적이 있거든. 엄마가 기다릴 거란 걱정도 됐지만, 저녁이 되기 전에 빨리 갔다 오면 된다고 생각했어.

우리끼리 시내에 나가 본 건 처음이었어. 쌩쌩 달리는 차들이 내뿜는 연기 때문에 목이 쓰라리고 눈도 따가웠지만 마냥 신났어. 슈퍼 근처나 음식점 골목을 기웃거렸더니 병들이 꽤 나오지 뭐야. 간판들이 환하게 불을 켤 때까지 우리는 다리가 아파도 계속 돌아다녔어.

근데 잘못했나 봐. 뒷골목까진 가지 말 걸 그랬어. 집으로 가는데 벌써 캄캄해져서 앞이 잘 보이지 않았어. 얼른 뛰어가고 싶었지만 자루 때문에 그러지 못했어. 병들이 반이나 차서 둘이 질질 끌어도 엄청 무거웠거든.

슬럼가 근처에 도착했을 땐 더 겁이 났어. 우리 동네는 엄청 무서운 곳이야. 밤엔 어른들도 함부로 돌아다니질 못해. 그랬다간 가지고 있는 돈이나 시계를 다 뺏겨 버리니까. 말을 안 들으면 사람을 죽이기도 해. 엄마는 우리가 사는 곳이 무허가 빈민촌이라 그런 거래. 나라에서 우릴 보호해 주지 않아서 강도들이 득실거린다고 했어.

케냐 슬럼가에는 당장 먹을 것이 없어 쓰레기 더미를 뒤져 끼니를 때우는 어린아이들이 많습니다.

그 생각을 하니까 가슴이 막 뛰고 다리가 후들거렸어. 니젤하고 딱 붙어 걸으면 덜 무서울 텐데, 자루를 한쪽씩 붙들고 있어서 얼굴조차 자세히 보이지 않았어.

"야!"

그때 누군가 우리를 불렀어. 난 꼼짝 못하고 그 자리에 서 버렸어.

"포웰! 포웰!"

니젤이 날 불렀지만 대답도 못했어. 이가 달달 떨리는데 어떻게 말을 해.

순식간에 시커먼 그림자들이 우리한테 다가오고 있었어. 니젤도 그걸 알았나 봐. 갑자기 자루를 내팽개치더니 내 귀에 대고 속삭였어.

"괘, 괜찮아. 하나 둘 셋 하면 뛰는 거야. 알았지?"

하지만 난 여전히 멍하니 서 있었어. 누가 내 다리를 꽉 붙들고 놓아주지 않는 것만 같았어.

"……셋! 뛰어!"

니젤이 날 확 잡아당기고 먼저 뛰지 않았다면, 아마 난 한 발짝도 움직이지 못했을 거야.

우리는 죽을힘을 다해 뛰었어. 숨이 차서 쓰러질 것 같았지만, 니젤이 내 손을 놔주지 않아서 계속 뛸 수밖에 없었어.

다행히 사람들은 우리를 계속 쫓아오진 않았어. 우리가 두고 간 자루를 가져갔을 거야. 니젤은 집 앞까지 와서야 내 손을 놔줬어. 그러더니 바닥에 털썩 주저앉아 엉엉 울기 시작했어.

근데 참 이상했어. 니젤이 어린애처럼 펑펑 울고 있는데도 꼭 형 같단 생각이 들지 뭐야.

우리는 그날 엄마한테 엄청 혼났어. 종아리에 매까지 맞았어. 잘 알지도 못하면서 화부터 내니까 억울한 거 있지.

"왜 때려! 빵 사려고…… 병 주워서…… 빵 사서…… 엄마 주려고…… 하루 종일 주운 건데…… 알지도 못하고……."

자꾸만 눈물이 나왔어. 엄마한테 맞은 것도 억울하고 병을 다 잃어버린 것도 억울했어. 우리가 하루 종일 어떻게 주운 건데, 너무 아깝잖아.

그런데 엄마 말을 듣는 순간 마음이 스르르 가라앉았어.

"너희까지 없으면 엄만, 정말 못 살아."

엄마는 더 이상 말을 하지 못했어. 갑자기 아빠가 집을 나가 버리는 바람에 속상해하셨는데, 우리까지 없어진 줄 알고 무척 놀라셨었나 봐.

우리는 밤에 동생 손을 한쪽씩 붙잡고 누웠어. 하루 종일 자루를 쥐고 다녀서 팔이 아팠지만 그래도 손을 놓지 않았어. 빵을 못 사온 게 미안해서, 그렇게라도 재워 주고 싶었어.

조금 후에 동생이 쌔근쌔근 자는 소리가 들렸어. 엄마도 잠이 든 것 같았어.

"포웰?"

니젤이 날 가만히 불렀어.

"왜?"

니젤이 망설이더니 그랬어.

"내일 또 수프랑 우갈리가 나오면 어떡하지?"

난 아무 대답도 못했어. 생각할 게 너무 많았거든. '다시 병을 주우러 가야 하나? 그러다 엄마한테 또 혼나면 어쩌지? 못된 형들을 만나는 건 정말 무서운데.'

그 사이 니젤은 잠이 들었는지 가르릉 코까지 골았어.

그래서 난 들릴 듯 말 듯한 목소리로 말했어.

"내일은 꼭 빵이 나올 거야. 잘 자, 니젤 형."

나도 잠이 솔솔 쏟아졌어.

다음 날 뭐가 나왔을 것 같아?

그래, 맞아. 우리 소원대로 빵이 나왔어. 우리는 너무 좋아서 서로 부둥켜안고 펄쩍펄쩍 뛰었어. 아이들이 이상하게 쳐다보던걸.

그래도 하나도 창피하지 않았어. 이 세상에서 가장 맛있는 빵을 먹을 수 있잖아. 엄마하고 동생하고 다 같이 나눠 먹는 빵 말이야.

내일도 빵이 나왔으면 좋겠어. 매일매일 빵만 나왔으면 좋겠어.

쌍둥이 형제는 오늘도 간절히 기도합니다. "배부르게 먹게 해 주세요. 끼니 걱정을 하지 않게 해 주세요." 라고 말입니다.

지구촌 친구들에게 보내는 희망의 편지

Bangladesh

ⓒ 방글라데시 한국민간문화원

방글라데시는 남아시아 인도 반도의 북동부에 있는 나라로 수도는 다카이다. 보통 한 가구당 인구수는 5.6명으로 인구밀도가 대단히 높다. 또한 외국 원조가 정부 재정지출의 반 정도를 차지하며 세계 최빈국 중 하나이다. 빈곤 타파, 식량 자급, 고용 증진, 인구 증가율 축소 등을 국가의 최대 목표로 삼고 있다.

천연가스, 석탄, 원유 등의 천연자원은 풍부하나 산업 기반이 약하고 기술력이 부족하여 개발이 잘 이루어지지 못하고 있다. 또한 매년 국토의 약 70퍼센트가 물에 잠길 만큼 홍수와 태풍이 반복되어 엄청난 인명과 식량의 피해를 가져와, 가난을 면치 못하고 있다. 정부의 노력으로 1990년대 초부터 초등학교 취학률이 높아졌으나 여전히 대체적으로 교육 수준은 낮은 편이다.

쓰레기 더미에서
보물을 찾는 아이

- 이름 : 슈존
- 국적 : 방글라데시
- 성별 맺 나이 : 남, 8세
- 가족사항 : 엄마, 동생 4명
- 장래희망 : 의사

내 친구에게.

어떤 말을 어디서부터 시작해야 할지 모르겠다. 난 편지를 처음 쓰거든. 이렇게 연필을 쥐고 있는 것도 좀 어색해. 연필을 쥐어 본 지 오래돼서 말이야.

하지만 이 편지가 한국까지 날아간다 생각하면 벌써부터 신이 나. 편지를 써 달라는 이야기를 듣고 그날 밤 한숨도 못 잤다면 믿어지니? 어떤 이야기를 쓸까, 생각하다 보니 날이 훤히 밝은 거 있지? 일하는 내내 졸긴 했지만 그래도 기분은 최고였어.

자, 그럼, 이 떨리는 마음까지 담아 내 소개를 해 볼게. 들어봐.

나는 방글라데시에 사는 슈존이라고 해. 나이는 여덟 살. 우리 가족은 엄마, 나, 남동생 넷 이렇게 여섯 식구야. 아빠는 왜 얘기 안 하냐고? 우리 아빠는 하늘나라에 계시거든. 아마 지금도 저 위에서 내가 편지를 잘 쓰고 있나 내려다보고 계실 거야.

우리 집 식구로는 또 한 명이 있는데, 바로 우리 형이야. 형은 오래전에 집을 나갔어. 처음에는 가족 모두 그 사실을 믿을 수가 없었어. 금방이라도 형이 돌아올 것만 같았거든. 그런데 하루가 한 달이 되고, 일 년이 돼서야 형이 정말 떠났다는 걸 알 수 있었어.

그때는 형이 밉고 싫었어. 어떻게 그럴 수 있는지 이해도 안 됐어. 아빠가 돌아가시면서 우린 모두 형이 벌어오는 돈으로 끼니를 해결했거든.

그런데 내가 형 대신 우

여덟 살 슈존은 오늘도 가방 대신 키만큼이나 커다란 자루를 어깨에 둘러메고 쓰레기장으로 갑니다. 보잘것없는 쓰레기가 슈존에게는 보물입니다.

리 집 가장이 돼서야, 형 마음을 조금은 알 것 같더라. 학교를 다니던 내가 하루아침에 쓰레기를 줍게 됐거든. 엄마는 하루 종일 동생들을 돌보느라 일을 할 틈이 없었어.

우리 마을은 방글라데시의 수도 다카에 있어. 나는 이곳에서 내 키만큼 큰 자루를 들고 재활용 쓰레기를 주워. 구겨진 종이나 찌그러진 깡통은 나에게 보물이나 다름없어. 쓰레기를 주운 지도 벌써 일 년이 넘어서 어디에 가면 빈 병이 많고, 어디에 가면 깡통이 널렸는지 훤히 꿰고 있어. 요 머릿속에 보물지도가 그려져 있는 거야.

하루 종일 모은 쓰레기는 무게에 따라 돈을 받는데 보통 하루에 30타카. 한국 돈으로 500원 정도야. 그 돈이면 우리 식구가 먹을 이틀치 쌀을 살 수 있는데, 그 쌀이 우리 가족의 유일한 끼니야. 엄마는 쌀밥을 접시에 담아 소금으로 간을 해서는 나와 동생들에게 먹여 줘. 막내 동생에게는 밥을 묽게 끓여 주고 말이야. 동생들이 더 달라고 아무리 떼를 쓰고 울어도 소용이 없어. 내일을 위해 밥을 남겨 둬야 하거든. 그러니 나는 아무리 몸이 아파도 나가서 쓰레기를 주워야 해. 안 그러면 엄마와 동생들이 굶으니까.

슈존이 하루 종일 쓰레기 더미를 뒤져야만 가족이 겨우 끼니를 해결할 수 있습니다.

나는 정말 쉬지 않고 일하는데 집은 늘 가난해. 낮에도 빛 한 점 들어오지 않는 비좁은 방에 여섯 식구가 뒤엉켜 살아. 앞으로도 쭉 이럴지 모른다 생각하면 얼마나 무서운지 몰라. 형을 힘들게 한 건 아마 이런 게 아니었을까? 아무리 노력해도 나아지는 게 없다는 것. 더군다나 그때 형은 나보다도 어렸으니 더 힘들었을지도 몰라. 너에게도 그런 때가 있었니? 정말정말 힘들어서 어디

로든 도망치고 싶었던 때.

　나는 있었어. 너무 힘들어서 집을 나간 적이 있어. 일하러 가다 말고 무작정 버스를 타고 나가 시내를 돌아다녔어. 그날은 며칠 전에 일어난 홍수로 책가방이며 교과서가 모두 떠내려간 뒤였거든.

　가방과 책을 볼 때마다 당장은 아니어도 언젠가는 나도 다른 아이들처럼 학교에 다닐 수 있을 거라 생각했어. 그게 언제가 될

가족의 생계를 책임져야 하는 슈존에게 학교는 꿈 같은 이야기입니다.

지는 모르지만 말이야. 나에게는 그 꿈이 중요했던 것 같아. 홍수로 떠내려간 건 책가방과 교과서만이 아니었던 거야. 학교에 다시 가고 싶다는 내 꿈도 떠내려간 거야.

나아지는 것도 없는데 돈은 벌어 뭐 하나. 동생들도 귀찮고 엄마도 보기 싫었어. 어디서 무슨 일을 하든 지금보다는 나을 것 같았어.

다카에는 사람도 많고 릭샤(인도와 방글라데시 등지에서 흔히 이용하는 교통수단)도 많았어. 정신이 쏙 빠질 정도였지. 길가에 늘어선 상점에는 종업원을 구한다는 종이도 붙어 있었어. 말만 잘하면 나에게도 일자리를 줄지 모른다고 생각했어.

그런데 날이 어두워질수록 홀가분할 줄 알았던 마음은 점점 무거워지더라. 왠지 여긴 내가 있을 곳이 아니라는 생각도 들었어. 네가 웃을지도 모르지만 엄마가 보고 싶었어. 만날 엄마 품에 싸여 있는 미운 동생들도 보고 싶고. 조금 있으면 저녁 먹을 시간인데 엄마와 동생들 밥은 어쩌나 하는 걱정부터 드는 거 있지. 보지 않아도 배를 쫄쫄 굶고 있을 동생들의 모습이 그려졌어. 그래서 축 처진 기분으로 멍하니 시내를 돌아다녔어.

"슈존?"

지나다니는 사람들 속에서 누군가 날 부른 듯했어.

"슈존!"

이번에는 누군가 내 팔을 붙들었어.

고개를 드니 고물상 아저씨가 날 바라보고 있지 뭐야. 내가 주워 온 재활용 쓰레기를 매일 돈으로 바꿔 주시는 아저씨 말이야.

"왜 여기 있어? 오늘은 오지도 않았지?"

다카의 빈민촌에는 슈존처럼 학교에 가고 싶어도 가지 못하고 거리로 나가 돈을 벌어야만 하는 아이들이 많습니다.

내가 마을에 있지 않고 시내를 돌아다니고 있으니 아저씨가 보기에도 이상했나 봐.

"그게……."

어떤 변명을 해야 할지 모르겠더라고. 도망칠까 생각했지만 발이 떨어지지 않았어.

아저씨가 두 손을 무릎에 대고 나를 말끄러미 쳐다봤어. 아주 오랫동안 말이야. 내 마음을 다 들킬 것 같아 마주보고 있기가 힘들었어. 다행히 아저씨가 배를 매만지며 말했어.

"아, 배고프다. 너도 그렇지?"

아저씨는 내 대답은 듣지도 않고 나를 데리고 공원으로 갔어. 나를 벤치에 앉히고는 근처 가게에서 빵과 우유를 두 개씩 사서 나눠 주셨어. 나는 아침부터 물 한 모금 못 마신 상태라 배가 몹시 고팠어. 그런데 도저히 그 빵을 먹을 수가 없는 거야. 동생들이 자꾸 아른거렸거든. 내가 빵 봉지만 내려다보고 있자, 아저씨는 봉지를 뜯어 내 손에 쥐어 주셨어.

"배 안 고파요."

나는 차마 아저씨를 보지 못하고 고개를 떨어뜨렸어. 그런데 갑자기 배에서 꼬르륵 소리가 나지 뭐야.

아저씨가 풋 웃었어. 안 그러려고 했는데 나도 그만 웃고 말았어.

"내 생각이 짧았어."

아저씨는 다시 가게에 가서 동생들이 먹을 빵까지 넉넉하게 사 오셨어. 정말 그러려고 했던 건 아니었는데 얼마나 죄송했는지 몰라. 그래서 빵에는 입도 못 대고 봉지만 만지작거렸어.

"슈존. 내가 열심히 일한 돈으로 산 이 빵을, 네가 맛있게 먹어 주면 그걸로 된 거야."

아저씨는 자기처럼 해 보라는 듯 빵을 크게 한 입 베어 물었어. 그래도 내가 쭈뼛거리고 있자 옆구리를 툭 치기도 했지.

나는 아저씨처럼 빵을 한 입 베어 물었어. 부드러운 빵과 함께 딸기 크림이 입 안 가득 퍼져 나가자 목이 꽉 메는 거 있지. 그렇게 달콤한 빵은 정말 처음이었어. 아직도 '빵'이란 단어를 떠올리면 그때 먹었던 빵이 생각나면서 입 안에 침이 고여.

집으로 돌아갈 때, 우리는 버스를 타지 않고 나란히 걸어갔어. 아저씨는 빵을 사느라 차비까지 다 쓴 상태였고, 나도 빈털터리였거든.

나는 아저씨에게 오늘 내가 왜 다카 시내에 있었는지 모두 말

슈존은 힘이 들 때마다 아빠가 그립습니다.

했어. 말을 하면서도 아저씨가 날 나쁜 아이라고 생각하면 어쩌나, 다시는 날 아는 척하지 않으면 어쩌나 걱정을 했어.

그런데 내 이야기를 듣고 있던 아저씨가 혼자 무슨 생각을 했는지 킥킥거리더니 비밀을 털어놓듯 작게 말하지 뭐야.

"나도 어렸을 때 학교를 빼먹은 적이 있어. 심부름 시킨 돈으로 아이스크림을 사 먹은 적도 있고."

내 눈이 절로 커다래졌어.

"어디 그뿐이야? 지금도 많은 잘못을 하고 사는걸. 잘못한 일을 일일이 손에 꼽으면 이 열 손가락으로도 모자랄 거야."

"아저씨가요? 아저씨 같은 어른도 잘못을 해요?"

아저씨가 빙그레 웃으며 고개를 끄덕였어. 난 신기하기만 했지.

"누구나 살면서 크건 작건 잘못을 해. 중요한 건 그 잘못을 되풀이하지 않는 거야."

아저씨가 무릎을 굽혀 나와 눈을 맞췄어.

"그리고 넌, 지금 집으로 돌아가고 있잖아."

'집'이라는 그 말에 마음이 살짝 떨렸던 것 같아. 아침에 봤는데도 엄마를 본 지 꽤 오래된 것처럼 느껴졌어.

"이렇게 말하기는 좀 그렇지만, 사람들에게는 저마다 짐이 있대. 너에게는 그것이 더 크고 무거운 것일지도 몰라. 그래도 나는 네가 잘 이겨낼 거라 믿어. 우리는 방글라데시 사람이잖아."

"방글라데시 사람이요?"

내가 아저씨를 올려다보자 아저씨가 말했어.

"그래, 방글라데시 사람들은 아무리 힘들어도 이렇게 말하잖니? 오슈비다 나이(문제없어요)!"

오슈비다 나이.

그 말을 듣자 어깨에 힘이 실리는 거 있지? 마치 주문처럼 그 모든 문제들이 그리 힘든 건 아닐지도 모른다는 생각도 들었어. 나도 모르게 집으로 향하는 발걸음이 빨라졌어.

마을에 들어서자 다른 집들은 모두 불을 끄고 있었어. 우리 집만 빼고 말이야. 무너진 벽 사이로 비치는 작은 불빛이 "슈존!" 하고 부르는 것 같았어. 누더기 옷처럼 판자들을 겹겹이 덧댄 우리 집이 그때만큼 반가웠던 적은 없었던 것 같아.

아저씨가 날 보며 말했어.

"갈 수 있지?"

나는 그 말이 꼭 "할 수 있지?"처럼 들렸어. 그래서 "오슈비다 나이!" 하고 대답했어.

나는 빵과 우유가 담긴 봉지를 가슴에 안고 집으로 향했어. 바람만 후 불어도 날아갈 것 같은 우리 집으로.

그런데 집이 점점 가까워질수록 이번에는 이런 생각이 드는 거 있지? '엄마가 이 늦은 시간까지 뭘 했냐고 물으면 뭐라 대답하지? 집을 나갔었다고 하면 보나마나 실망하실 텐데.'

집으로는 들어가지도 못하고 무너진 벽 아래서 발로 흙을 툭툭 파헤치고 있었어. 캄캄한 하늘 위에 별들이 떠있는데, 그중 유독 반짝이는 별이 있었어. 꼭 아빠가 내려다보는 것 같더라.

아빠가 계셨다면 뭐라 하셨을까? 아빠도 실망했을까?

이런 생각을 하고 있는데 부스럭 소리가 나더니 목소리가 날아왔어.

"형아!"

첫째 동생이 벽에 난 구멍으로 고개를 쑥 빼고 나를 내려다보고 있지 뭐야. 위험하다고 내가 그렇게나 말했는데 말이야. 나도 모르게 동생을 야단치려는데 이번에는 첫째 동생의 목소리를 들은 다른 남동생들이 구멍에 따닥따닥 붙어 나를 내려다봤어.

"엄마! 형 여기 있는데!"

동생들은 내가 어찌해 볼 새도 없이 방 안에 있는 엄마를 향해

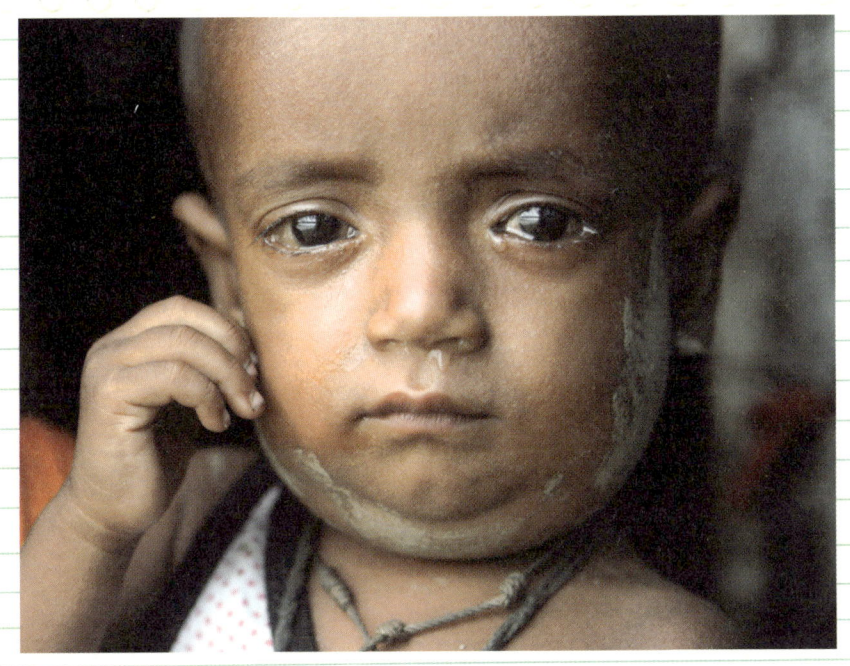

오염된 물을 먹고 턱이 부풀어오른 어린 동생은 아픈 몸 때문에 하루 종일 엄마에게 매달려 칭얼거립니다.

고래고래 소리쳤어.

  곧이어 엄마가 야단치는 소리가 들리더니 동생들이 있던 자리에 이번엔 엄마 얼굴이 나타나지 뭐야. 너무 순식간에 일어난 일이라 나는 다른 데 숨지도 못하고 그대로 서 있었어.

  "슈존, 안 들어오고 뭐 해?"

엄마는 화내지 않았어. 오히려 잔뜩 걱정을 한 목소리였어. 그런데도 나는 큰 꾸중이라도 들은 것처럼 눈물을 뚝뚝 떨어뜨렸어. 나중에는 동생들처럼 소리 내어 엉엉 울었어. 내가 왜 그렇게 울었는지는 아직도 모르겠어. 엄마가 지금껏 뭐 하다 왔는지 묻지 않아 고맙기도 하고, 나쁜 마음을 먹었던 게 미안하기도 했던 것 같아. 문밖으로 나온 동생들이 울보라고 놀렸지만, 하나도 신경 쓰이지 않았어.

첫째 동생이 내 손에 들린 비닐봉지를 가리키며 말했어.

"형아! 빵 사오느라 늦은 거야?"

첫째의 말에 다른 동생들이 우르르 달려들어 비닐봉지를 낚아채서는 또 우르르 집으로 들어갔어. 그 자리엔 엄마만 남아 있었어.

엄마가 치맛자락으로 눈물을 닦아 주고는, 나를 데리고 집으로 들어갔어. 엄마는 밥을 챙겨 주고 동생들에게 하듯 내 얼굴을 씻겨 주셨어. 손발을 씻겨 주실 때는 간지럼도 태워 주셨지. 그리고 그날 밤은 동생들이 아닌 나를 엄마 옆에 두고 잤어.

좀 전에 보았던 별이 동그란 구멍 밖에서 날 내려다보고 있었어. 별빛이 깜빡이는 게 꼭 "잘했어, 슈존." 하는 것 같았어. 그래서 나도 눈을 깜빡이며 말했어.

"잘 자요, 아빠."

다음 날 일어나니 몸이 한결 가뿐했어. 기분도 좋았고. 달라진 건 아무것도 없지만 말이야. 아니다. 달라진 게 하나 있어.

내가 언제까지 쓰레기를 주워야 할지는 모르지만, 내가 정말 학교를 다시 다닐 수 있을지는 모르지만, 나는 엄마 아빠의 슈존

슈존은 비록 매일 아침 학교가 아닌 쓰레기장으로 가지만 곧 희망을 찾을 수 있을 거라고 굳게 믿고 있습니다.

으로, 동생들의 형으로 최선을 다하겠다는 거야. 나는 방글라데시 사람이잖아.

그리고 이 편지가 우리 형에게도 전해졌으면 좋겠어. 엄마한테 혼날까 봐 못 돌아오고 있다면 망설이지 말라고. 우린 오늘도 형을 몹시 기다리고 있다고 말하고 싶어.

또 하나, 이 편지를 읽고 있는 네가 혹시 큰 어려움에 처해 있다면 이렇게 해 보라고 하고 싶어.

오슈비다 나이!

지구촌 친구들에게 보내는 희망의 편지

★ 이 책에 실린 편지들은 '지구촌 희망편지쓰기대회' 수상작 및 응모작입니다.

Bangladesh

희망의 꽃을 파는 소녀

- 이름 : 슈미
- 국적 : 방글라데시
- 성별 맺 나이 : 여, 10세
- 가족사항 : 엄마, 동생 3명
- 장래희망 : 의사

안녕, 애들아!

너희가 내 편지를 받고 어떤 표정을 지을지 좀 떨린다.

그래도 씩씩하게 내 소개를 할게.

난 슈미야. 나이는 열 살이고.

사진에서 웃고 있는 내가 보이지? 난 이렇게 생겼어.

들고 있는 꽃은 내가 파는 거야. 학교에 다녔었는데 지금은 아픈 엄마를 대신해 일을 하고 있어.

엄마는 아침마다 내 머리를 빗겨 주며 그러셔.

"우리 슈미, 빨리 다시 공부를 시켜야 하는데······."

소음과 매연이 뒤섞인 다카. 이곳은 열 살 슈미의 소중한 일터입니다.

내가 학교에 못 가는 게 미안하신 거야.

나도 가끔은 학교 가는 애들을 보면 그런 생각이 들어. 그 속에서 함께 공부하던 모습이 떠올라서 말이야.

낡고 삐걱대는 책상이라도 내 자리가 있다는 게 참 좋았어. 완성된 그림을 벽에 턱, 하고 붙였을 땐 얼마나 기뻤는지 몰라. 그중 제일 신났던 건 글을 배웠을 때야. 하루하루 아는 글자가 늘어 간판을 떠듬떠듬 읽게 되니까 신기하더라고. 학교에선 뭘 해도 재밌었어.

하지만 꽃을 팔면서는 그런 생각할 틈이 없어. 차들 사이를 비집고 다니며 장사를 해서 다른 생각은 못해. 딴전 부리다 차에 치이기라도 하면 큰일이잖아.

차바퀴에 발이 깔릴 뻔도 했었어. 아슬아슬한 찰나에 피하긴 했지만 가슴이 벌렁거려 혼났어. 근데 오히려 운전했던 사람이 삿대질하며 뭐랬는지 알아?

"재수 없어, 정말. 돈 벌려고 별 짓거릴 다 하는구나!"

이러는 거 있지. 아무리 돈이 좋아도 누가 일부러 몸을 다치고 싶겠어. 아무튼 어른들은 자기 맘대로 생각한다니까.

다카 거리가 무지 정신없긴 해. 방글라데시에서 제일 복잡한 곳이거든. 자동차랑 릭샤도 많은데다, 어른들이 신호를 잘 안 지켜서 더 위험해. 그러면서 만만한 우리한테만 뭐라고 하는 거야.

그래도 난 다카가 좋아. 매캐한 매연에다 시끄럽긴 해도, 차들이 북적대야 꽃이 많이 팔리거든. 지금은 하루에 60타카밖에 못 벌어. 처음보단 제법 팔긴 해도 능숙하게 장사하는 애들만큼은 못해. 그 돈으론 우리 다섯 식구가 살기에 턱없이 모자라. 더 벌 수만 있다면 온종일 뛰어다녀도 힘들지 않을 것 같아.

날 힘들게 하는 건 따로 있어. 더운 날씨에 꽃이 빨리 시들면 어쩌나, 그게 제일 걱정이야. 우리 나라는 아침부터 푹푹 찌는 날이 많아. 오후엔 찻길에서 후끈한 열기까지 올라와 숨이 콱콱 막힐 지경이야.

꽃을 담가 둘 물은 멀리까지 가 길어와야 해. 양동이 가득 물을 받아 오다 넘어져 버리면 진짜 속상해. 그때는 무릎

무심하게 지나다니는 차 사이를 비집고 다니며 하루 종일 번 돈은 고작 60타카(우리 돈 약 1,000원)입니다.

이 까져 쓰라린 것도 몰라. 꽃잎이 늘어져 못 팔게 될까 봐 마음이 무지 급하거든. 도매상에서 받은 꽃이 상해 버리면 팔지도 못하고 돈만 물어줘야 하는데, 그건 너무 억울하잖아.

"꽃 한 다발에 10타카요."

난 이렇게 장사를 시작해. 차에 대고 꽃을 내밀면 대부분 인상

부터 써. 어떤 사람은 못 들은 척, 차창조차 내려 주지 않아. 그렇다고 쉽게 포긴 안 해. 차가 출발하기 전까지 끈질기게 붙들고 늘어지다 보면 귀찮아 사 주기도 하니까.

획- 이렇게 창밖으로 돈을 던져서 기분은 별로지만. 주려면 그

꽃을 파는 아이들은 꽃이 시들면 팔 수 없기 때문에 가녀린 팔로 물을 실어 나릅니다.

냥 주지 참 나쁘지 않냐?

그래도 괜찮아. 나한테 어떻게 하든 상관없어. 내 동생들이 밥만 배불리 먹을 수 있다면 그걸로 돼.

난 동생들이 참 좋아. 솔직히 아기였을 적엔 매일 징징거려 싫었어. 하나밖에 없는 내 공책에 낙서를 해 놓고, 그것도 모자라 질겅질겅 씹어 먹었을 땐 때려 주고 싶었지. 동생들이 아니라 염소 새끼들처럼 보여서 말이야.

근데 조금씩 크니까 사랑스럽더라. 말똥말똥 쳐다보는 눈도 예쁘고 짧은 다리로 뒤뚱뒤뚱 걷는 모습은 또 얼마나 웃긴데. 누나, 누나 하며 날 부를 땐, 고 작은 입이 너무 귀여워서 아무리 미운 짓을 해도 미워지지가 않더라니까.

처음 일을 할 때도 동생들 생각하며 꾹 참았는걸. 지금은 괜찮지만 한 달 전엔 꽃을 판다는 게 되게 쑥스러웠어. 차 옆에도 못 가고 쭈뼛대다 빵빵거리는 소리에 놀라 도망칠 정도였어. 더군다나 길에서 학교 친구들까지 만났지 뭐야. 갑자기 학교에 못 가게 된 것도 속상한데 얼마나 창피하던지. 당장 집으로 가고 싶어 혼났어.

다카에서 일하는 다른 애들은 안 그래. 과일이나 솜사탕, 인형

장사 등을 하는데 하나라도 더 팔려고 기를 쓰지, 나처럼 남 눈치 보는 아이는 없어.

그 모습에 동생들 생각이 났어. 그 애들은 종일 길에서 일하고 강냉이 한 주먹밖에 못 먹어. 학교를 다녀 본 적이 없어 글은 아예 읽을 줄도 모르고. 난 내 동생들이 그렇게 될까 봐 겁났어.

그래서 결심한 게 있어. 동생들만큼은 꼭 학교에 보내겠다고 말이야. 선생님 말씀이, 공부를 많이 하면 커서 좀 더 나은 직업을 가질 수 있대. 나중에 동생들이 큰 회사에서 일하는 모습을 상상하면 저절로 행복해진다니까.

아직은 꿈 같은 얘기란 거 알아. 하지만 내가 더 열심히 꽃을 팔면 동생들이 학교에 다닐 수 있을 거야. 아니, 꼭 내가 그렇게 해 줄 테야.

무지 씩씩해 보인다고?

난 원래 이런 성격이 아니었어. 처음 보는 사람한텐 말도 잘 못 걸고 눈이 마주치면 금세 얼굴이 빨개지곤 했어.

아무래도 그 이후로 불끈, 용기가 생긴 것 같아.

그날은 내가 일을 시작한 지 며칠 안 되는 날이었어. 비가 너무 쏟아져 집에 있어야 했지. 전날 팔지 못한 꽃이 있어서 꼭 나갔어야 했는데 말이야.

집집마다 다닥다닥 붙은 처마 위로 굵은 빗방울이 떨어졌어. 천장을 바라보는 엄마 눈엔 걱정이 가득했어. 가뜩이나 물이 많은 방글라데시에선 비가 많이 내리면 다들 걱정부터 해. 작년 홍수엔 친구네 동네가 반이나 물속에 잠겼는걸. 다행히 사람은 많이 다치지 않았지만, 가축이나 살림살이들이 둥둥 떠내려가서 얼마나 안타까웠다고.

"오늘은 왜 더 쪼끔이야?"

"맞아. 나 배고프단 말이야."

동생들이 투덜거려도 난 아무 말 못했어. 한 줌도 안 되는 밥을 나눠 먹였으니 그럴 수밖에 없잖아. 첫째 동생이 녀석들의 입을 막는 걸 보니까 더 미안했어. 전날 꽃을 하나라도 더 팔았으면 좋았을걸, 그러지 못한 내가 원망스러웠어. 다카 거리에만 나가면 왜 자꾸 주눅이 드는 건지, 꼭 바보 같기만 했어. 홀쭉한 배를 드러내고 잠든 동생들이 가여워, 방에 앉아 있을 수가 없었지.

그래서 오후쯤 밖으로 나왔어. 집에 있던 꽃 세 다발을 옷 속에 잘 챙겨 넣고서. 깜빡 잠이 드셨는지 엄마는 눈을 감고 계셨어.

빗속을 무작정 걸었어. 질퍽한 흙바닥에 낡은 슬리퍼가 척척

슈미는 동생들이 배고프다고 칭얼거릴 때마다 자신이 원망스럽습니다. 꽃을 더 많이 팔지 못한 미안함 때문입니다.

들러붙어도 앞만 보고 걸었어.

한참만에 다카 시내에 도착했지만 너무 조용했어. 장사꾼들로 북적여야 할 거리가 마치 다른 곳 같았어. 과일을 파는 아이 두엇만 돌아다닐 뿐, 지나가는 사람은 좀처럼 보이지 않았어.

내일까지 계속 비가 내리면 어쩌나, 그래서 꽃을 못 팔면 어쩌나, 우리 식구들이 또 굶으면 어쩌나. 생각할수록 마음이 급해져

무작정 뛰어들어 차를 붙들었어.

몇 번이나 신호가 바뀌었지만 꽃을 팔진 못했어. 도망가는 차들 꽁무니를 바라보다, 흙탕물만 뒤집어쓰고 인도로 나와야 했지.

그렇게 집으로 가야 하나 말아야 하나 망설일 때였어. 멀리서 데이트를 하는 사람들이 걸어오는 게 보였어. 나는 망설일 새도 없이 부리나케 그쪽으로 뛰었어. 그러곤 그 앞에 다짜고짜 꽃 세 다발을 내밀었어.

"한 다발에 10타카인데, 싸게 해서 전부 10타카에 드릴게요."

두 사람은 날 빤히 내려다봤어. 꽃잎이 다 너덜너덜해진 걸 사라고 하니, 얼마나 어이가 없었겠어.

흠뻑 젖은 날 아래위로 훑어보던 여자가 마지못해 남자한테 그랬어.

"사 주자."

나는 남자가 건네는 돈을 받고 머리가 땅에 닿도록 절을 했어.

적은 돈이지만 횡재한 것 같았어. 솔직히 정말 팔 수 있을 거라곤 생각지 못했거든. 어디서 그런 용기가 났는지 나도 모르겠더라고.

집으로 가는 발걸음이 자꾸만 빨라졌어. 슬리퍼에서 발이 쭉쭉

미끄러져도 부지런히 걸었어. 주위는 어느새 어둑어둑해지고 있었지.

깜깜해질 즈음 우리 동네에 도착했어. 근데 좀 걱정이 됐어. 그제야 엄마한테 말도 안 하고 나온 게 생각나지 뭐야.

집이 가까워질수록 일부러 천천히 갔어.

"슈미니?"

어두컴컴한 골목 끝에서 누군가 내 이름을 크게 불렀어.

그게 엄마 목소리란 걸 알면서도 난 선뜻 대답하지 못했어. 내 꼴을 보면 잘했다고 하시지 않을 것 같았어.

그때 질질 끌리는 발소리가 났어. 어렴풋이 엄마가 걸어오는 게 보였어. 금방이라도 넘어질 것만 같아, 얼른 달려들어 꼭 붙들었지. 언제부터 밖에 서 계셨는지 엄마도 나처럼 흠뻑 젖어 있었어.

동생들은 그새 깨어 있었어. 저희들끼리 뒹굴뒹굴 장난을 치다 엄마랑 나를 보곤 눈이 휘둥그레지더라고. 왜 안 그렇겠어. 물바가지를 뒤집어쓴 것처럼 옷이며 머리에서 물이 툭툭 떨어지고 있으니 그럴 만도 하잖아.

우리는 젖은 옷을 벗고 누웠어. 동생들이 기다렸다는 듯 우리

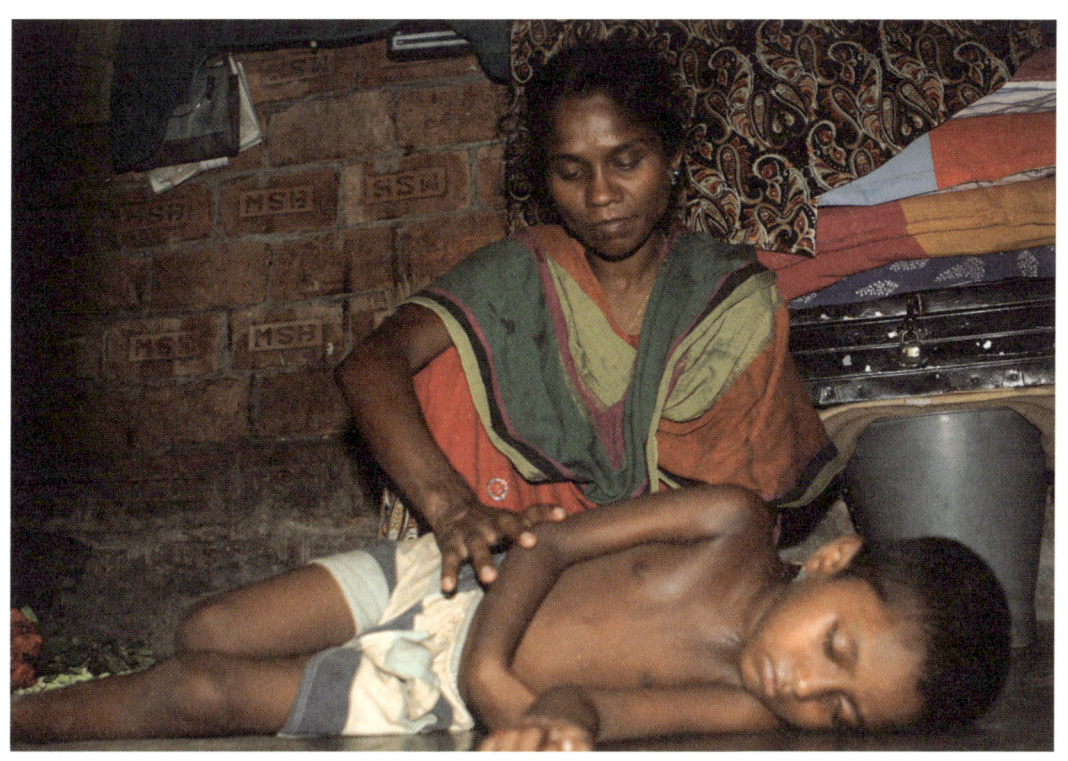

아픈 엄마는 슈미를 학교가 아닌 거리로 내보낼 수밖에 없어 가슴이 아픕니다.

틈에 비집고 누웠어. 동생들의 온기 덕분에 오들오들 떨리던 몸이 금세 따뜻해지는 기분이었어.

  첫째 동생이 걱정스럽게 날 보더니 물었어.

  "누나 춥지?"

  그러곤 얼른 제 윗옷을 벗어 내 몸에 덮어 주는 거야.

  "난 엄마 줘야지."

"나뚜, 나뚜."

두 동생들까지 덩달아 옷을 벗으려는 걸 간신히 말렸어. 덮고 잘 이불도 없는데 감기라도 걸리면 어떡해.

"옷이 다 젖어 뭘 입고 나가나. 내일은 해가 좀 나와야 할 텐데……."

엄마가 혼잣말처럼 말했어. 물기를 꾹 짜 벽에 걸어 놓은 옷을 걱정스레 보시면서.

둘째 동생이 엄마 품에 파고들며 큰소리를 쳤어.

"걱정 마. 내가 나중에 예쁜 옷 이만큼 사 줄게."

"아냐, 내가 사 줄 거야."

막내 동생이 지지 않고 날 꼭 끌어안으며 중얼거렸어.

그때 난 알았어. 시든 꽃을 팔 용기가 어디서 생겼는지 말이야.

다음날도 조금씩 비가 내렸어. 그래도 뽀얀 구름 하나가 먹구름들 사이에서 유난히 예뻐 보이는 아침이었어.

그날부터였던 것 같아. 내가 겁내지 않고 꽃을 팔 수 있었던 게.

나에겐 아침마다 머리를 예쁘게 빗겨 주는 엄마가 있고 용기를 주는 동생들이 있는데, 기죽을 필요 없다고 생각했어.

어린 소녀에게 복잡한 다카 거리에서 꽃을 팔기란 쉬운 일이 아닙니다. 하지만 사랑하는 가족을 위해 슈미는 오늘도 위험천만한 거리로 나가 희망의 꽃을 팝니다.

너희도 곁에 있는 것만으로 힘이 되는 가족들이 있지?

그러면 뭘 하든 자신 있게 도전해 봐. 든든한 네 편이 있는데 망설일 필요 없잖아.

더 씩씩해진 내 목소리 다시 들어볼래?

"꽃 한 다발에 10타카요!"

지구촌 친구들에게 보내는 희망의 편지

★ 이 책에 실린 편지들은 '지구촌 희망편지쓰기대회' 수상작 및 응모작입니다.

Ethiopia

에티오피아는 동아프리카의 국가로, 수도는 아디스아바바이다. 국토의 절반 이상이 고원이며 해발 2,000미터 이상의 서늘한 기후를 보이는 지역이 전체 면적의 약 4분의 1에 달한다. 인구의 대부분이 이곳에 살고 있다.

끊임없는 내전과 종족 간의 마찰로 20세기 들어와서는 지구촌에서 가장 살기 어려운 나라 가운데 하나가 되었다. 에티오피아인의 평균수명은 약 49세로 아프리카 대륙의 전체 평균보다 낮다.

90여 개의 다양한 종족이 제각기 다른 생활을 하고 있기 때문에 언제 또다시 종족 간 분쟁이나 내전이 발생할지 모르는 불안한 상태다.

언덕을 지고 사는 아이

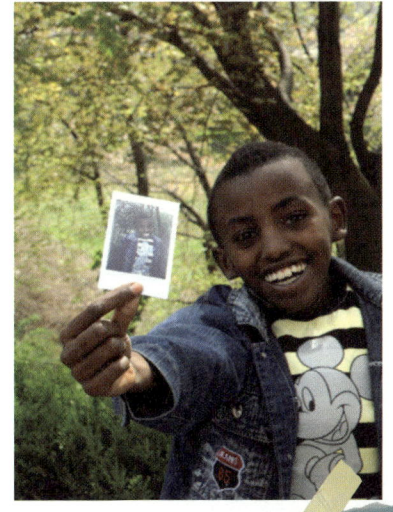

- 이름 : 아비
- 국적 : 에티오피아
- 성별 및 나이 : 남, 12세
- 가족사항 : 엄마, 동생 3명
- 장래희망 : 의사

친구야!

아, 이제야 맘껏 불러 보겠네.

아이들은 나랑 말조차 하길 꺼려서 그렇게 못 불렀거든.

왜들 그러냐고?

나랑 친구하기 창피한 거지 뭐. 보다시피 내가 평범하지 않잖아.

아이들은 아비라는 내 이름보단 늘 '저주받은 애'라고 불렀어. 내가 사는 에티오피아에선 장애를 가진 걸 끔찍이 싫어해. 큰 죄를 지어 흉하게 태어난 거라고 믿으니까.

한번은 엄마한테 물었던 적이 있어.

"엄마, 난 왜 이렇게 생겼어? 내가 뭘 잘못했는데?"

난 정말 궁금해서 그랬어. 아무리 생각해 봐도 대체 무슨 죄를 지었는지 알 수가 없어서 말이야.

근데 엄마가 별안간 눈물을 뚝뚝 흘리시는 거야. 그때 알았지. 궁금한 게 있어도 그냥 꾹꾹 참아야 한다는 걸.

사실 난 건강하게 태어났대. 어려서 침대에서 떨어지는 바람에 점점 등이 굽어진 거지. 엄마는 다 자기 탓이라고 하시지만, 난 엄마 원망 안 해. 아빠도 없이 우리 사 형제를 키우셨으니 얼마나 정신이 없었겠어. 오히려 고마울 때가 많아. 날 창피해하거나 꽁꽁 숨겨 두려고 하지 않았으니까. 남들 앞에 서는 걸 두려워해선 안 된다고

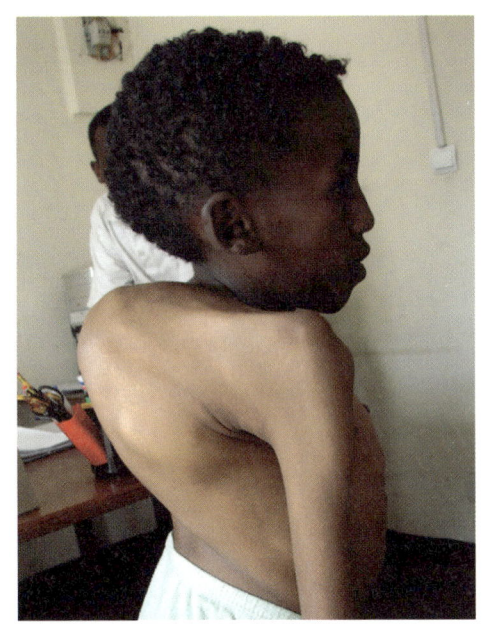

아비는 세 살 때 사고로 척추가 휘고 말았습니다. 하지만 다친 척추를 제대로 치료받지 못해 생명의 위협까지 받으며 살아왔습니다.

일부러 데리고 다니셨지. 난 그런 엄마 앞에 더 씩씩한 아들이 되고 싶었어.

애써도 안 되는 게 있긴 했어. 내가 제일 좋아하는 축구가 그랬어. 숨이 턱까지 차도록 실컷 뛰고 싶은데, 온몸이 땀에 젖도록 패스하고 슛을 날리고 싶은데 마음대로 돼야 말이지. 숨이 가빠 헉헉거리는 통에 번번이 공을 뺏기기 일쑤였어. 그러니 누가 나랑 같은 편이 되고 싶겠어. 질 게 뻔한데.

결국 쫓겨나다시피 퇴장을 당하곤 했어. 그러고 나면 가슴에서 뜨거운 것이 불뚝불뚝 솟구쳐 올랐어. 마음대로 뛸 수 없는 게 생각할수록 화가 나서, 애꿎은 땅만 후벼 팠지.

병원엔 안 갔냐고?

어렸을 때 갔었어. 그런데 의사 선생님이 왜 그런지 모른다잖아.

좀 더 커야 상태를 알 수 있다고 해서, 일곱 살 무렵에 다시 큰 병원엘 가 봤어. 그날은 사람들이 불룩한 내 등을 힐긋거려도 신경 안 썼어. 병을 고칠 수 있단 기대 때문에 그런 것쯤은 아무렇지 않더라고.

그땐 금세 나을 줄 알았어. 치료를 받고 약만 잘 먹으면 등이 펴질 거라 생각했으니까.

그런데 병원에선 엉뚱한 말을 했어. 에티오피아엔 고칠 수 있는 의사도 의료장비도 없다는 거야.

집까지 오는 동안 보이는 대로 돌멩이를 걷어차 버렸어. 사람들이 수군거렸던 게 다 맞는 말 같았어. '넌 정말 저주받은 아이였니?' 스스로에게 묻고 또 물었어. 진짜 그런 거라면 발이 깨지도록 날 못살게 해 주고 싶었어.

난 점점 집에 있는 날이 많아졌어. 학교에 들어갔지만 거의 나갈 수 없었어. 돌덩이를 짊어진 듯, 등을 짓누르는 통증 때문에 교실에 앉아 있기조차 힘들었어. 엄마가 약을 타오는 날만 겨우 편안히 지낼 수 있었지.

난 평생 그렇게 살 줄 알았어. 그런데 뜻밖의 소식이 찾아왔어. 일 년 전에 우리 나라로 자원봉사를 나왔던 의사 선생님이 날 치료해 보고 싶다는 거야. 엄마는 세상을 다 얻은 것처럼 기뻐했지만 난 아니었어. 그 말을 안 믿었거든.

의사 선생님을 만났을 때도 그랬어. 내 상태를 자세히 보고 싶어 우리 나라까지 왔다는데 하나도 고맙지 않았어. 날 직접 보고 또 못 고친다고 할 게 뻔했으니까.

먼저 손을 내민 건 의사 선생님이었어. 쭈뼛거리고 섰는데 덥

석 내 손을 잡지 뭐야. 난 고개를 돌리고 모른 척했어. 어차피 금세 가 버릴 텐데 뭐 하러 아는 척을 해. 그런데 이상하지, 그 손을 뿌리칠 순 없었어. 우락부락하게 생긴 얼굴과는 다르게, 손길이 하도 따뜻하고 보드라워서 그럴 수가 없더라고.

하지만 선생님이 내 등을 만지려는 순간, 움찔 뒤로 물러서 버렸어. 누군가 내 등을 만지는 게 낯설고 어색해서 저절로 그렇게 됐어. 당황한 엄마는 자꾸 날 떠밀었어. 혹시라도 어렵게 찾아온 기회를 잃게 될까 봐 안절부절못하셨지.

난 어쩔 수 없이 의사 선생님 앞으로 한 발짝 다가갔어. 선생님은 내 표정을 살피면서 굽은 등을 조심스럽게 만졌어. 그리고 물었어.

"많이 아팠지?"

그 말을 듣는데 갑자기 온몸이 부들부들 떨렸어. 혼을 낸 것도 아니고 내 등을 때린 것도 아닌데, 가슴이 찌르르 아리며 눈물이 났어.

선생님은 떨리는 내 어깨를 잡고서 한참을 기다려 주었어.

난 간신히 울음을 멈추고 망설이다 물었어. 어쩐지 선생님한테는 그래도 될 것 같았어.

"난…… 저주받은 아이래요. 내가 징그럽지 않아요?"

엄마는 물론 주위 사람들 모두 놀란 표정이었어. 마치 내가 나쁜 말이라도 한 것처럼 말이야.

오직 한 사람, 선생님의 눈빛만은 달랐어. 안경 속에서 지그시 날 바라보다 빙그레 웃으셨지. 그러곤 마치 사랑스럽고 예쁜 아기를 안듯, 살포시 날 끌어안았어.

나는 한국에 도착해 수술받을 준비를 했어. 수술 전에 굽은 목을 펴기 위해 머리에 교정기를 꼈어.

사진에 그런 내 모습 보이지?

웃고 있지만 실은 좀 긴장됐어. 비행기를 탔을 때처럼 진정이 안 되고 이상하게 떨리더라고. 근데 잔뜩 겁먹은 엄마를 보니까 나라도 웃어야 할 것 같았어.

수술하는 날 아침엔 의사 선생님 표정도 살짝 굳어 있었어.

"아비는 이미 증세가 많이 진행됐어. 열두 살이면 나이도 많은 편이고. 결코 쉬운 수술이 아니란 뜻이야. 하지만 선생님은 최선을 다해 널 수술할 거야. 그러니 너도 겁먹지 않고 잘해 줄 수 있지?"

난 대답 대신 선생님을 보며 환하게 웃어드렸어. 그제야 선생님도 고개를 끄덕이며 웃으시더라고.

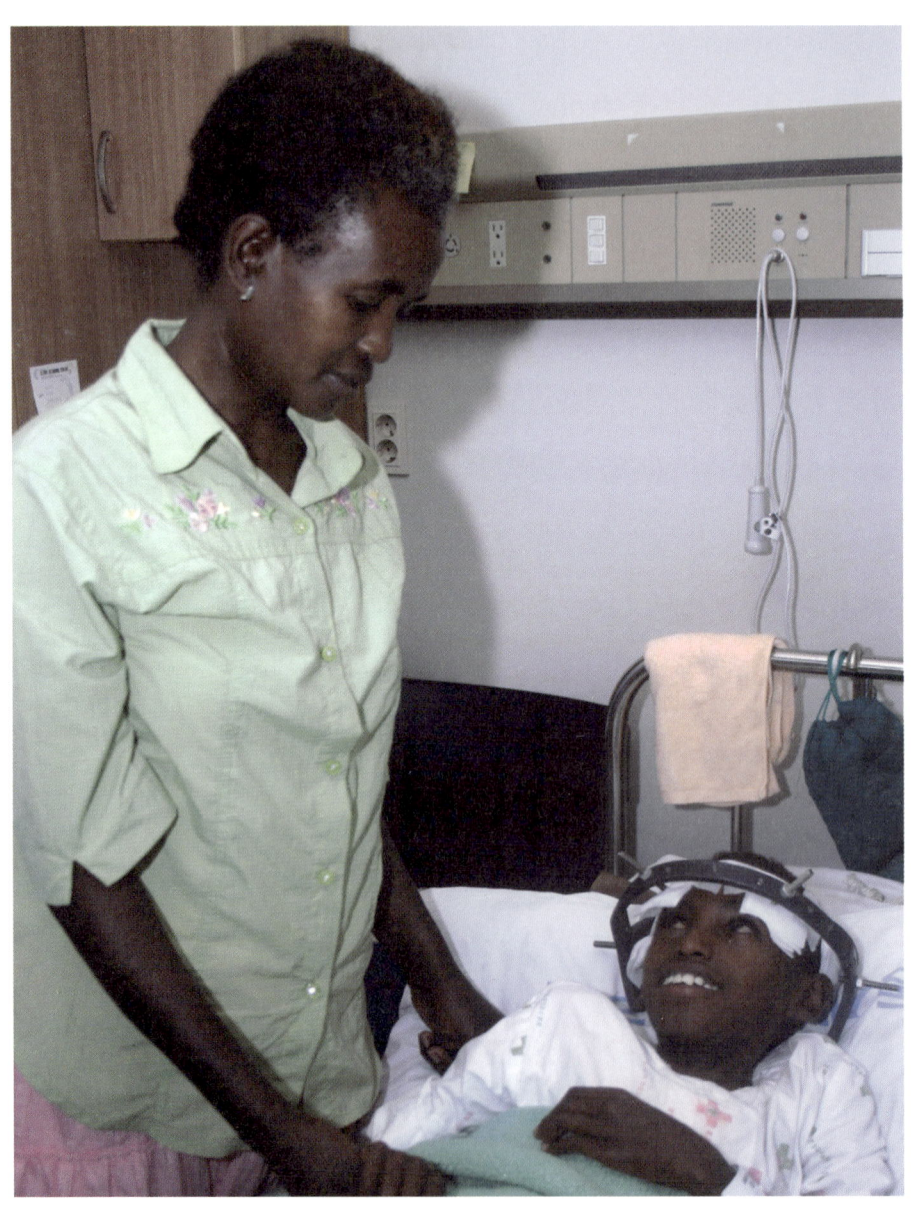

주사 한번 맞아 본 적 없던 아비는 대수술을 씩씩하게 견뎌냈습니다.

나는 척추측만증 교정 수술인 '후방교정술 및 고정술'이라는 수술을 받았어. 어떻게 그 어려운 말들을 다 기억하냐고? 간신히 외웠지 뭐. 난 커서 의사가 될 건데, 내 몸을 어떻게 고쳤는지 정도는 알아야 하잖아.

원래 내 꿈은 축구 선수였어. 우리 옆집에 살던 아기가 하늘나라로 가는 걸 본 후 바뀐 거야. 아기는 태어난 지 몇 달 만에 시름시름 앓다 떠났어. 날 보고 유일하게 웃어 주었는데…….

그날 오랫동안 하늘을 올려다봤어. 눈이 벌게지도록 노려보면서 그랬어. 그렇게 빨리 데려갈 거면 뭐 하러 태어나게 했냐고. 힘겹게 숨을 가르랑거리던 아기의 모습이 머리에 콕 박혀 지워지지 않았어.

그래서 의사가 되기로 결정했어. 병을 고치기 전에 먼저 따뜻하게 손잡아 주는, 축구 잘하는 의사 말이야.

수술은 무사히 끝났어. 병실에서 다시 눈을 떴을 때 엄마는 울먹이고 계셨어. 9시간 만에 나를 본 게 감격스러우셨나 봐.

난 회복도 빨랐어. 심하게 휘었던 등이 펴지면서 편안히 숨 쉴 수 있게 되었고, 키도 좀 커졌어. 좋은 척은 안 했지만, 키가 큰 걸 거울로 비춰 볼 적마다 되게 신났어.

긴장이 풀려서 그랬나, 집이 그리웠어. 빨리 다시 학교에 가고 싶고, 아이들이 어떻게 지내는지도 궁금하고.

아이들이 밉지도 않냐고?

아니, 그런 적 없어. 날 놀리긴 했어도 그 아이들마저 곁에 없었다면 더 심심했을 테니까.

친구들과 축구하는 장면이 떠올랐어. 넓고 푸른 잔디밭은 아니지만 함께 뛰고 있다는 것만으로도 충분히 좋았어. 다들 거친 숨을 몰아쉬며 지칠 줄 모르고 내달렸지.

걸을 수 있게 되었을 때는 진짜 축구를 하고 싶어 몸이 근질근질했어.

퇴원을 하고, 난 또 다른 세상을 만났어. 이번엔 바다를 보러 간 거야.

태어나 바다를 본 건 처음이었어. 이 세상에 그렇게 아름다운 곳이 있는 줄 몰랐어.

눈을 크게 뜨고 내 앞에 펼쳐진 바다를 보았어. 끝이 어딘지 모를 바다를 보고 있자니 가슴이 벅차 저절로 눈이 동그래졌어. 등이 뻐근한데도 조금씩 가슴을 펴가며 숨을 크게 들이마셨어. 바다의 비릿한 냄새와 짙푸른 색을 온몸으로 담아가고 싶어서. 에

많은 사람의 도움으로 수술을 받게 된 아비는 건강한 웃음을 되찾았습니다.

티오피아로 돌아가도 오래도록 잊지 않으려고 말이야.

내 발밑으로 힘찬 파도가 밀려왔어. 발목을 때리는 물살이 제법 거셌지만 꼿꼿이 서 있었어. 이젠 도망치고 싶지 않았어. 누구 앞에서든 당당하게 한 발 한 발 나아가자 생각했지.

바다를 보고 온 후 엄마 표정이 한결 편안해졌어. 의사 선생님 말씀을 듣고 환하게 웃기까지 했어. 선생님은 내가 몇 년 후에 한

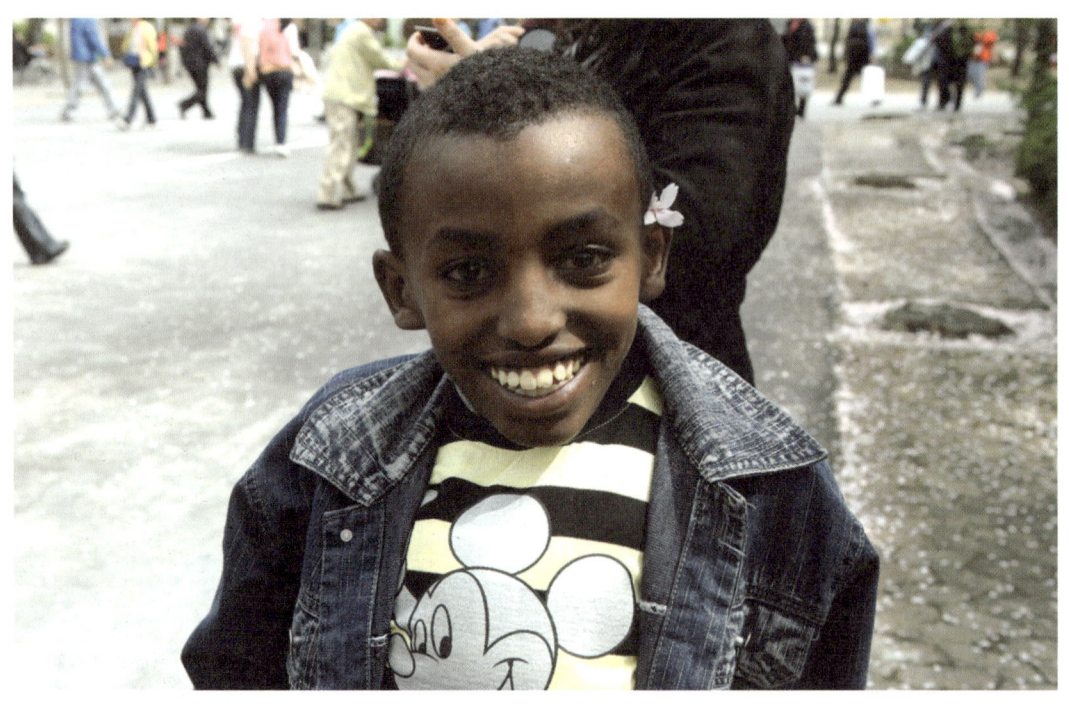

아비와 엄마는 한국에서 받은 수술을 큰 행운이라고 생각합니다. 그리고 그 행운을 다른 사람들과도 나눌 수 있기를 바랍니다.

차례 더 수술을 받으면, 완전한 정상인으로 살아갈 수 있을 거라고 하셨어.

나는 에티오피아로 돌아오는 비행기 안에서 생각했어. 의사 선생님이 했던 말씀처럼 꼭 그렇게 되고 싶다고.

선생님은 나에게 마지막으로 그러셨어.

"친구, 건강하게 다시 보자!"

난 어리둥절했어. 어떻게 선생님과 내가 그런 사이가 될 수 있겠어. 우린 나이 차이도 많고, 사는 곳도 다르고, 무엇보다 멋진 선생님과 내가 친구가 될 수 있단 생각은 해 본 적이 없었으니까.

선생님이 당황하는 내 표정을 살피더니 또 말씀하셨어.

"어디에 있든 누구와 있든, 서로 마음이 통하는 사람끼린 얼마든지 친구가 될 수 있어. 우린 그때 마음이 통했지?"

난 꼭 건강해지고 싶더라. 그래서 선생님을 다시 만났을 땐 좀 더 근사한 친구의 모습을 보여 드리고 싶었어. 선생님은 내가 저주받은 아이가 아니란 걸 알게 해 주신 분이니까. 상처받은 내 몸과 마음을 정성껏 치료해 주셨으니까. 그런 고마운 사람을 만났다는 건 엄청난 행운이잖아.

친구야, 너에게도 그런 행운이 있었으면 좋겠어.

그런 건 쉽게 찾아오지 않는다고?

그렇지 않아. 네 마음을 알아 주는 사람이 단 한 명이라도 있다면, 넌 이미 행운을 가진 아이야. 그걸 잊지 마.

그리고 나에겐 또다시 기쁜 일이 있었어. 2년 뒤에 2차 수술을 받았어. 나를 기억하는 분들이 두 번째 수술비를 마련해 주셨대. 한 번도 아닌 두 번씩이나 벅찬 선물을 받은 기분이야.

난 내가 받은 것을 꼭 나누어 주고 싶어. 그것을 받은 사람이 또 다른 곳에 나누어 주도록 듬뿍.

너에겐 아직 그 행운이 오지 않았다고? 그러면 네가 먼저 다른 친구들에게 행운을 주는 건 어떨까?

자신이 처한 환경에 절망하기보다는 하루빨리 건강해져 공부를 하고 싶다던 아비, 이제 그 소중한 꿈을 위한 첫발을 내딛습니다.

지구촌 친구들에게 보내는 희망의 편지

어려움을 겪고 있는 지구촌 친구들에게♡ 안녕! 난 네가 모를 수도 있는 먼 나라 한국의 채지연이라고해. 우리 학교는 너희들에게 작지만 큰 '나눔'의 기쁨을 전달하기위해 편지도 쓰고, 작은 저금통에 잔푼 두푼 돈을 모으고 있어. 내가 너희들에게 해줄수있는게 이거 밖에 없는것 같아 괜스레 미안해지네.. 그렇지만 너희들에게 꼭 마음한쿰은 전해주고 싶어. 내가 편지를 쓰고 있는 이 순간에도 어디선가 배가 고프거나 각종 질병으로 힘들게 하루하루 살아가고 있을 너희들. 그렇지만 너희들도. 꿈과 희망을 가지고 살아간다면, 반드시 행복하고 희망가득찬 삶을. 또는 더 나은 삶을 가질 수 있을거란 생각해. CHEER UP! If you keep dreaming, Your dream will come true someday. 나도 꿈이 있어. 내가 너희처럼 아프리카의 아이들을 돌보는 '국경없는 의사회' 소아과 의사가 되겠노라고. 내가 놀 수 있는 시간에 남보다 먼저 뛰어다니며 너희같은 아이들을 돌봐줄거라고. 너와 내가, 아니 너희와 내가 조금만 더 가까이 있어 내가 돌봐줄수만 있다면, 난 달려가 너희에게 허기와 희망을, 행복과 기쁨들을 허기는 채워주고 희망은 불어넣어주고 행복과 기쁨은 가득 채워 언제나 너희 얼굴에 미소가 떠나지 않도록 하고 싶어.. 꼭. 그러고 싶어. 내가 너희를 보며 다려내는 그 날까지 꿈을 가지고 살아♡ 반드시 그러길 바래.. Good bye. 지연이가

서울중평초등 학교 6학년 ㅈ반
이름 채지연

★ 이 책에 실린 편지들은 '지구촌 희망편지쓰기대회' 수상작 및 응모작입니다.

Ethiopia

일곱 살 꼬마의 홀로서기

- 이름 : 미투쿠
- 국적 : 에티오피아
- 성별 및 나이 : 남, 7세
- 가족사항 : 아빠
- 꿈 : 아빠가 건강해지는 것

에티오피아에서 온 편지

안녕?

나는 에티오피아에 사는 미투쿠라고 해. 일곱 살이고 아빠랑 단둘이 살아.

엄마는 에이즈로 돌아가셨어. 여긴 에이즈로 죽는 사람들이 많아. 병원에 갈 돈이 없거든.

그때는 죽는다는 게 어떤 건지 몰랐어. 깜깜한 밤이 되어도, 며칠이 지나도 엄마가 오지 않아 아빠에게 물었어.

"엄마 왜 안 와?"

"엄마는 이제 못 와."

그날 밤 나는, 엄마가 보고 싶다고 얼마나 울었는지 몰라. 막 떼를 쓰다 잠이 들었는데, 잠결에 훌쩍이는 소리가 들렸어. 아마 아빠도 엄마가 보고 싶었나 봐.

그런데 이젠 우리 아빠도 에이즈래. 얼마 전에는 물을 길어오다 주저앉기도 했어. 열도 펄펄 났고 말이야. 아빠는 괜찮다고 했지만, 나는 심장이 쿵쿵 뛰면서 자꾸만 눈물이 났어. 아빠도 엄마처럼 죽어 버릴까 봐 무서웠거든. 곯아떨어진 아빠 가슴에 귀를 대고 숨을 쉬나 안 쉬나 지켜보기도 했어. 깜빡 잠이 들었다가도 화들짝 놀라 깰 정도였지. 내가 잠든 사이에 아빠가 어떻게 되기라도 하면 큰일이잖아. 너도 엄마 아빠가 아파 운 적이 있니?

아빠는 에이즈에 걸렸다는 걸 오래전에 알았대. 내가 몸을 조금이라도 긁으면 병원부터 데려간 것도, 손가락을 베었을 때 곁에 오지 않은 것도 다 그 때문이래. 혹시라도 내가 감염될까 봐 조심을 했던 거야.

그래도 나는 아빠 곁에 더 붙어다녔어. 두 팔로 아빠 허리를 꼭 끌어안고 다녔지. 에이즈가 어떤 건지는 잘 모르지만 아빠랑 떨어지는 게 훨씬 무서웠거든.

"미투쿠, 넘어지면 어쩌려고 그래."

"뭐 어때, 이렇게 해야 어디 못 가지."

나는 팔에 힘을 꽉 주며 아빠 등에 얼굴을 묻었어. 아빠가 한숨을 내쉬는 게 느껴졌어.

"사람은 누구나 죽는 거야."

눈물이 아빠 옷에 스몄어. 내가 기다렸던 대답은 그게 아니었거든.

"아무 데도 안 간다고, 늘 이렇게 있을 거라고 말했어야지."

나는 아빠에게 주먹질을 했어. 발길질도 했어. 그러면 안 되는 줄 알지만, 아빠도 나한테 그러면 안 되는 거잖아.

아빠는 조금도 피하지 않았어. 내가 지칠 때까지 다 맞고는 꼭 끌어안아 주었어. 내 등을 살살 쓸어 주면서 말이야.

"지금부터 매일매일 알려 줄 거야. 우리 미투쿠가 혼자 설 수 있도록. 예전에 자전거 타는 것도 알려 줬잖아. 공이 무섭지 않다는 것도 알려 줬고. 기억나지?"

마음이 가라앉으면서 처음으로 자전거를 타던 때가 생각났어. 길에 버려진 녹슬고 찌그러진 자전거였지만, 아빠가 중심 잡는 법을 알려 줘서 반나절을 신나게 놀았거든. 야구는 또 어떻고. 내가 공을 하도 무서워하니까, 아빠는 바닥에 공을 튕긴 후 한번 쳐

일곱 살 미투쿠는 잠시도 아빠와 떨어져 있고 싶지 않습니다. 어느 날 갑자기 엄마를 잃었듯 아빠마저 그렇게 보낼 순 없기 때문입니다.

보라고 했어. 내가 휘두른 나무 막대에 공이 맞았을 땐 얼마나 짜릿했는지 몰라. 그렇게 몇 번 공을 치고 나니까, 앞에서 공이 날아와도 하나도 무섭지 않은 거 있지?

하지만 그땐 아빠가 옆에 있었는걸.

"그때처럼 옆에서 다 가르쳐 줄게. 인제라(에티오피아의 주식) 만들기, 물 길어오기, 빨래하기 또……."

아빠와 함께 밥을 먹고, 시장에 가고, 이야기하며 시간을 보내는 하루하루가 미투쿠에겐 더없이 행복합니다.

"그걸 다 어떻게 해? 금세 까먹어 버릴 거야."

"그럼 적지, 뭐. 까먹을 때마다 볼 수 있게."

나는 아빠가 불러 주는 대로 하나하나 적기 시작했어. 부엌에서 하는 일은 부엌 벽에 적었어. 우리 집은 부엌이며 침실이 따로 없지만, 그래도 알아보기 쉽게 그 근처에 썼어. 모르는 글자는 그림으로 그리고 말이야. 처음엔 손가락에 힘을 꽉꽉 주며 크게 적었는데, 흙이 자꾸 부스러져서 살살 작게 적었어. 멀리서 보면 꼭 개미떼가 기어다니는 것 같아 우리는 웃기도 했어.

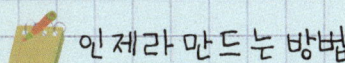 인제라 만드는 방법

❶ 테프* 밀가루에 물을 조금씩 부으면서 덩어리 지지 않게 섞는다.

❷ 잘 섞인 반죽은 헝겊을 덮어 따뜻한 곳에 3일 정도 둔다.
  (이때 소금을 조금 넣는다.)

❸ 기름을 두른 프라이팬에 반죽을 붓고 구멍이 뽕뽕 뚫릴 때까지 굽는다. (불은 중간 세기로 하고 손이 데이지 않도록 조심한다.)

"아빠, 이걸 보니까 배고프지 않아?"

* 테프: 아프리카 고산지대에서 자라는 곡물

"그럼, 네가 솜씨를 발휘해 봐."

나는 처음으로 인제라를 만들었어. 물론 아빠가 옆에서 잘하고 있나 지켜보고 말이야. 아빠가 알려 준 대로 하니까 쉬운 거 있지? 이렇게 쉬운 줄 알았으면 진작 해 볼걸.

"근데 아빠, 비가 새서 글씨가 엉망이 되면 어쩌지? 우리 집은 눈물처럼 빗방울이 뚝뚝 떨어지잖아."

아빠는 깜짝 놀란 눈으로 나를 바라봤어. 아빠도 미처 생각하지 못한 일이었나 봐.

"역시 우리 아들은 똑똑해. 비가 와도 끄떡없도록 모두 다른 데 옮겨야겠다."

아빠는 내가 어린이집에서 쓰던 공책을 가져왔어. 작년까지 구호단체에서 운영하는 어린이집을 공짜로 다녔었거든. 아빠는 공책을 활활 넘겨서는 아무것도 적지 않은 곳을 펼쳤어. 지금까지 적었던 걸 다시 쓰느라 팔이 아프긴 했지만 재미도 있었어. 어떤 건 보지 않고도 술술 쓸 수 있었다니까.

나는 아빠에게 이것저것 묻기도 했어.

"아빠아빠, 밤에 오줌이 마려우면 어떡해? 지난번처럼 화장실에서 고양이가 튀어나올지도 모르잖아."

"깜깜해지기 전에 오줌을 누고 오면 되지."

"친구랑 싸우면?"

"친구랑 싸우는 건 괜찮아. 화해하는 것만 잊지 않으면 돼."

우리는 큰일이 일어났을 때에 대해서도 적기로 했어. 예를 들면 배탈이 나거나 옥수수가루가 똑 떨어지면 어떻게 해야 하는지 말이야.

아빠는 선반 위에 놓아둔 약상자를 가져와 뚜껑을 열었어. 약상자는 거의 텅 비어 있었지만, 그래도 하나하나 꺼내서 언제 어떤 약을 먹어야 하는지 설명을 해 줬어. 나는 그것도 다 받아 적었어. 알약을 그릴 때는 혀까지 빼어 물고 자세히 그렸지. 아무 약이나 먹으면 안 되잖아. 아빠는 약상자를 내 손이 닿는 낮은 곳에 옮겨 놓았어.

그리고 이번에는 낡은 침대 밑에서 유리병을 꺼내 보여 주었어. 뿌옇게 먼지 낀 병 속에는 동전과 함께 꾸깃꾸깃 접은 종이돈이 들어 있었어. 아빠가 몸이 아픈데도 길거리에 나가 물건을 판 돈이었어.

"우리 부자였네?"

"얼마 안 되는 돈이야. 하지만 꼭 필요한 돈이야. 아빠는 최대한 더 벌어서 여기에 모아 둘 거야."

아빠는 종이돈과 동전을 꺼내서 각각 얼마인지 알려 줬어. 동전 몇 개를 내 손에 쥐여 주고는 시장에 데려가 물건 사는 법도 알려 줬어. 내가 직접 돈을 내고 옥수수가루와 잔돈까지 받으니까 정말 어른이 된 거 같은 거 있지? 집으로 돌아가는 그 먼 길이 하나도 힘들지 않았다니까.

하루는 음식을 만들고, 하루는 물을 길어오고, 또 하루는 물건을 사고. 매일매일 새로운 걸 배우는데도 내일이면 또 배워야 할 게 있었어. 공책이 삐뚤빼뚤한 글씨로 채워질수록 어쩌면 다른 것들도 그리 어려운 건 아닐 거라는 생각이 들었어. 우리가 마치 재밌는 놀이를 하는 것 같아서, 아빠가 아프다는 것도 깜빡 잊었다니까.

"만약, 정말 큰일이 일어났을 때는 사람들에게 도움을 청해야 해."

"어떨 때?"

나는 침대에 엎드려서 아빠가 하는 말을 또박또박 받아 적었어.

"몹시 아프다거나, 돈이 다 떨어졌다거나 그리고…… 아빠가 자리에서 안 일어날 때."

나는 대답도 않고 공책만 쳐다봤어. 대답을 하면 정말 그런 날이 올 것만 같았거든.

"그땐 옆집 아줌마를 불러. 아빠가 아줌마한테 잘 말해 둘게. 이건 정말 중요한 일이야."

나는 고개를 돌려 천 하나로 가려진 옆집을 봤어. 만날 시끄럽

미투쿠와 아빠는 방 한 칸을 천으로 나누어 옆집과 함께 쓰고 있습니다. 좁고 어수선하지만 두 사람의 추억이 깃든 소중한 집입니다.

다며 구박을 하던 아줌마가 지금은 고맙지 뭐야. 나는 공책에 '아빠가 안 일어나면 옆집 아줌마를 부를 것'이라고 적었어. 글씨 옆에는 중요하다는 표시로 별표도 했어. 정말 잘 그리고 싶었는데 눈물에 가려 별이 자꾸 찌그러졌어. 쳐다보지 않았지만 아빠도 울고 있다는 걸 알았어. 코를 훌쩍이는 소리가 들렸거든. 눈물이 날 때 어떡해야 하는지는 아직 모르나 봐.

"아빠, 내 꿈이 뭔지 알아?"

"글쎄…… 선생님이었나?"

아빠가 얼른 눈물을 훔쳤어.

"의사, 의사였잖아."

"멋진걸?"

"근데, 아빠. 내 진짜 꿈은, 내가 의사가 될 때까지 아빠가 살아 있는 거야. 그러니까 아빠가 없으면 안 되는 거야."

아빠가 아무 말 없이 한참 동안 날 바라봤어. 또 울려는지 코가 새빨개졌어. 아빠가 울면 어쩌나 걱정했는데, 웃지 뭐야.

"벌써 다 나은 것 같아."

나도 따라 웃었어.

아빠는 다 나은 것 같고, 나는 이제 덜 무섭고. 우리가 만날 이 정도만 되면 얼마나 좋을까?

그런데 나는 문득문득 겁이 났어. 아빠랑 같이 밥을 먹고, 빨래를 하고, 수다를 떨다가도 말이야.

"아빠. 만약에, 정말 만약에, 그럴 일은 없겠지만 아빠 얼굴이 떠오르지 않으면 어떡하지?"

나는 차마 엄마 얼굴이 떠오르지 않는다는 말은 하지 못했어. 엄마가 어떤 옷을 입었고, 어떤 냄새가 났는지는 다 생각나는데, 어떻게 된 일인지 얼굴은 가물가물했어.

"만약에, 정말 만약에, 그럴 일은 없겠지만 아빠 얼굴이 떠오르지 않으면, 그땐 이 공책을 봐. 우리가 나란히 머리를 맞대고 이야기한 거, 글씨가 개미처럼 보여 웃었던 거 그리고 아빠가 이렇게 뽀뽀를 했던 게 다 생각날 거야."

어린이집 졸업식 날. 몸이 아픈 아빠와 단둘이 어렵게 살고 있는 미투쿠지만 늘 밝은 웃음을 잃지 않습니다.

아빠가 내 볼에 뽀뽀를 했어.

그래서 나도 아빠 볼에 뽀뽀를 해 줬어.

만약에, 정말 만약에, 그럴 일은 없겠지만 내 얼굴이 떠오르지 않을 때, 내가 뽀뽀를 해 줬던 게 생각나도록 말이야.

그럼 이 미투쿠가 짠하고 떠오르겠지? 그럼 아빠도 덜 외롭겠지? 물론, 그런 일이 정말정말 안 일어나면 좋겠지만 말이야.

Pakistan

파키스탄

〈파키스탄 북부의 길기트 Gilgit〉, ⓒ 오성식

파키스탄은 서남아시아에 있는 나라로 수도는 이슬라마바드이다. 전 세계에서 여섯 번째로 인구가 많은 나라이자, 두 번째로 이슬람교도가 많은 나라이다. 국토의 총면적은 대한민국보다 약 8.2배 더 넓다. 인구의 대부분이 비옥한 인더스 강 유역에 살고 있으며, 나머지 지역은 대부분 황무지로 인구밀도가 낮다. 파키스탄인의 평균수명은 남자 약 62세, 여자는 약 64세이다.

파키스탄은 여성 차별이 심한 이슬람 국가인 만큼 여성의 사회활동이 제한되어 있고, 외출할 때는 히잡(이슬람 여성들이 머리와 상반신을 가리기 위해 쓰는 가리개)이나 차도르(이슬람 여성들이 착용하는 모자가 달린 망토 모양의 민족의상)로 자신의 얼굴이나 몸을 가려야 한다.

세상 앞에 당당히 선 소녀

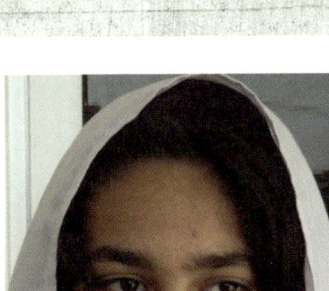

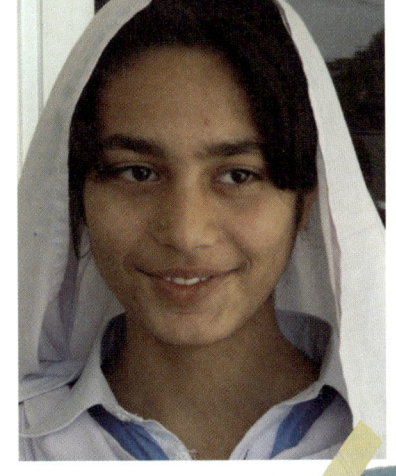

- 이름 : 나디아
- 국적 : 파키스탄
- 성별 및 나이 : 여, 12세
- 가족사항 : 아빠, 엄마, 오빠, 동생
- 장래희망 : 선생님

앗살라무 알라이쿰!

파키스탄 말로 '안녕'이라는 뜻이야.

나는 열두 살이고 나디아라고 해.

파키스탄이 어디에 있는지는 알고 있니? 인도와 아프가니스탄 사이에 있는데 멀리서 보면 강아지가 두 발을 치켜세운 채 꼬리를 흔드는 것 같아. 한국은 호랑이 모양을 하고 있다던데, 정말 그러니?

우리 나라는 지진이 자주 일어나. 어느 정도냐 하면, 예전에 살던 집은 물론이고 놀이터며 학교까지도 순식간에 무너졌어. 아빠

파키스탄 사람들은 잦은 폭동과 자연재해로 불안정한 삶을 살고 있습니다.

가 다니던 공장까지 말이야. 도시 전체가 말이 아니었지.

우리 가족은 어쩔 수 없이 이곳 하리뿌르로 이사를 왔어. 나는 더 이상 학교에 다니지 못하고 카펫 공장에 취직을 해야 했어. 우리 식구는 모두 다섯 명인데, 아빠가 벌어오는 돈으로는 생활하기도 빠듯했거든.

공장에는 나처럼 돈을 벌기 위해 온 아이들이 많았어. 나보다 더 어린아이들도 능숙하게 일을 했지. 나는 그 아이들과 하루 종일 카펫을 짰어. 다섯 명씩 일렬로 앉아서는 허리 한번 펴지 못하고 손을 놀리는 거야. 꼬박 한 달을 일해야 겨우 카펫 한 장이 완성됐는데, 그렇게 번 돈은 오빠와 남동생 학비로 쓰였어. 나도 학교에 다니고 싶었지만, 오빠와 동생 학비를 내고 나면 내 차례까진 오지 않았어. 파키스탄에서는 여자가 교육받는 걸 좋게 여기지 않거든. 시집가면 그만인데 뭐 하러 돈을 들이냐고 생각하는 거야.

그래도 난 더 열심히 일을 하고 있어. 결혼해서 쓸 살림까지 장만해야 하거든. 열두 살이 되자, 파키스탄에 사는 대부분의 여자들이 그렇듯 나도 부모님이 정해 준 사람과 약혼을 했어.

놀랐니? 왜 그렇게 일찍 약혼했냐고?

여기에선 많은 여자 아이들이 어린 나이에 결혼도 하는걸? 가난해서, 입 하나라도 줄이려고 빨리 결혼을 시키는 거야.

사실 난 일찍 결혼하는 게 싫어. 공장 옆 공터에 직업훈련센터가 세워졌는데, 가방을 멘 아이들이 그 센터로 들어가는 걸 보면 더더욱 그래. 나도 저 아이들과 똑같은 가방을 메고 센터를 다니면 얼마나 좋을까 그런 생각을 한 적도 있어.

일을 하고 있으면 아이들 목소리가 담장 너머까지 들려왔어. 노랫소리가 들릴 때면 나도 그 노래를 따라 부르며 카펫을 짰고, 구령 소리가 들릴 때면 나도 밖으로 나가 함께 뛰노는 모습을 상상했어. 아이들이 반복해서 읽는 동시는 줄줄 외울 정도였지.

시간이 지날수록 그 아이들이 어떤 수업을 받고, 어떤 놀이를 하는지 궁금했어. 그래서 점심을 허겁지겁 먹고 담장 너머로 아이들을 훔쳐본 적도 여러 번 있었어.

한번은 머리가 아파 일찌감치 공장을 나오는데, 어디선가 아이들 목소리가 들리는 거야. 신나게 떠드는 소리가 아니라, 비밀을 주고받듯 조용조용 속삭이는 소리. 나는 빨리 집에 가고 싶다는 생각도 잊은 채 소리가 들리는 곳으로 가만가만 다가갔어. 나무 그늘 아래 책가방을 멘 아이들이 이야기를 나누고 있었는데, 그중 한 아이가 말했어.

"왜 꼭 히잡을 써야 하지?"

히잡은 사진에서 보다시피 얼굴을 가릴 때 쓰는 천이야. 파키스탄에서는 열두 살이 되면 모든 여자들이 히잡을 써야 해.

아이는 히잡이 거추장스러울 뿐더러 자신의 진실한 모습을 감춘다고 했어.

그 아이가 바로 비비야. 나중에 아이들이 하는 말을 듣고 비비의 이름을 알게 됐어.

비비와 아이들은 저마다 히잡에 대한 생각을 털어놓았는데, 마치 꽤 중요한 일을 토론하듯 진지하기까지 했지.

난 좀 이해가 안 됐어. 별것도 아닌 걸 가지고 왜 저럴까 싶었거든.

눈동자만 들어올려 내 얼굴을 감싸고 있는 히잡을 보았어. 일을 할 때마다 흘러내려 성가시기는 해도, 나는 오히려 히잡을 쓰기 시작하면서 어른이 된 것 같아 좋았어. 또 파키스탄의 모든 여성이 쓰는 거니까. 그래서 아이들의 토론 주제가 정말 배부른 소리처럼 여겨졌어. 시시해서 그만 일어서려는데 목소리가 들려왔어.

"넌 어떻게 생각하니?"

깜짝 놀라 고개를 돌리니, 비비가 쳐다보고 있지 뭐야. 나만 그 아이들을 보고 있었던 게 아니었던 거야.

"아까부터 우리 얘길 다 듣고 있었잖아. 넌 히잡에 대해 어떻게 생각하냐고."

비비 주변에 있던 아이들도 나를 쳐다봤어. 어서 말해 보라는

파키스탄 곳곳에서는 여성들이 히잡을 쓰지 않아 살해되거나 끌려가는 일들이 빈번히 일어납니다.

표정이었지.

"그러니까 나는……."

아이들의 눈치를 보며 가까스로 내 생각을 말했어.

"전, 전통이라고 생각해. 히잡은 우리 나라에서 오래전부터 내려온 거잖아."

한번도 생각해 본 적 없다는 대답보다 훨씬 멋진 대답이라고 생각했어.

"전통?"

비비가 내 말을 곱씹듯 잠시 고개를 끄덕이더니 말했어.

"맞아. 히잡은 오래전부터 내려온 거니까 전통이라고도 할 수 있지."

나는 어깨가 으쓱했어. 그러나 그것도 잠시였어.

"하지만 모든 여자들이 히잡을 쓰는 걸 원하는 건 아냐. 전통은 강요에 의해서 지켜지는 게 아니라는 거야."

거울을 보지 않아도 얼굴이 빨개졌음을 느낄 수 있었어. 어떻게든 그 자리를 뜨고 싶었어. 그래서 나도 모르게 화를 냈던 것 같아.

"난 너희가 왜 별것도 아닌 일에 열을 내는지 모르겠어. 너희가 노닥거리고 있는 동안 이 공장 안에서는 얼마나 많은 아이들이 눈이 빠져라 카펫을 짜는 줄 아니?"

마치 나와 공장에 있는 아이들이 카펫을 짤 수밖에 없는 이유가 그 아이들 때문이라는 듯 말했어. 그래서 말을 한 순간 이건 아닌데, 싶었어.

내 말에 비비는 좀 놀라는 듯했어. 왠지 미안해하는 듯 보이기도 했고. 하지만 곧 한껏 누그러진 목소리로 그러나 똑똑하게 말했어.

"히잡을 쓰고, 안 쓰고가 별것도 아닌 일이라고?"

비비가 내 두 눈을 바라봤어.

"내 친구는 히잡을 느슨하게 썼다는 이유만으로 경찰한테 끌려갔어."

비비의 눈이 잠깐 흔들렸어.

"내 말은, 여자라는 이유만으로 그런 대우를 받아서는 안 된다는 이야기야."

가슴에서 뭔가가 쿵 떨어지는 기분이었어. 더 이상 비비를 마주볼 수가 없어 나는 그만 돌아섰어.

도저히 집으로 갈 수가 없어서 여기저기를 돌아다녔어. 달리

갈 곳은 없었는데, 열이 더 심해진 것도 같은데 비비의 말이 계속 머릿속에 맴돌며 날 이리저리 끌고다니는 것 같았어.

생각해 보니 그동안 난 모든 걸 당연하게만 받아들였던 거야. 남자가 아니라는 이유로 그들보다 나를 더 낮게 여겼던 거지. 이렇게 일을 하다 일찍 결혼을 하고, 대부분의 여자들이 그렇듯 집 안에서만 생활해도 괜찮다고 여겼던 거야. 사실 그건 내가 원하는 삶이 전혀 아닌데 말이야.

내 자신에게 화가 났어. 왜 진작 이런 생각을 못했을까 싶었거든. 하지만 앞으로 어떻게 해야 할지 아무리 생각해도 다른 길은 없어 보였어.

그날 이후로 센터에 가는 아이들이 보기 싫었어. 일부러 일찍 공장에 가는가 하면, 최대한 느릿느릿 걸어갔어. 그 아이들과 나는 엄연히 갈 수 있는 길이 다르니까.

그렇게 며칠이 지났어. 일을 끝내고 공장을 빠져나가는데 비비와 그 친구들이 있었어. 비비는 나를 오랫동안 기다렸다고 했어.

"나를 왜?"

비비가 나를 물끄러미 바라봤어.

"너를 화나게 하거나, 마음 아프게 하려던 건 정말 아니야."

나는 어떤 말도 떠오르지 않았어. 그냥 고개만 떨어뜨리고 있었지.

"너한테 줄 게 있어."

비비는 메고 있던 가방을 끌러 그 안에서 또 다른 가방 하나를 꺼내 주었어. 그것은 비닐로 포장된 새 가방이었어. 내가 꼭 한번 다시 메보고 싶었던 바로 그 책가방.

"우리가 직업훈련센터에 다니는 건 알고 있지?"

나는 아무 말 없이 책가방만 내려다봤어.

"이번에 너를 만나면서 생각했어. 이 공장에 있는 아이들도 함께 센터에 다닐 수 있는 방법이 없을까 하고 말이야."

나는 내가 잘못 들은 줄 알았어.

"그래서 선생님께 여쭤 봤지. 아이들이 공부를 하면서 돈을 벌 수 있는 일이 없는지. 선생님은 지금 당장은 안 되지만, 몇 개월만 열심히 공부하고 교육을 받으면 센터에 나올 수 없는 아이들에게 읽기며 쓰기를 가르칠 수 있다고 했어."

"내가 아이들을 가르친다고? 나, 그거 잘할 수 있어!"

아이들도 웃고, 나도 웃었어.

"그러니까 이제 센터에 나와. 이 가방은 선생님을 대신해서 우

나디아는 결혼을 하고 나면 평생 출산과 육아의 굴레에서 벗어날 수 없다는 걸 잘 알지만, 그래도 배움을 포기할 순 없습니다.

리가 전달하는 거야. 우리가 쓰던 연필도 넣었어."

비비가 나를 물끄러미 쳐다봤어. 그 눈이 '꼭 올 거지?'라고 묻는 것 같았어.

나는 고개를 끄덕였어. 고맙다는 말을 하고 싶었는데, 목이 꽉 메어 말이 나오지 않았어.

아이들과 헤어져 집으로 돌아가는데 비비가 큰 소리로 물었어.

"그런데 네 이름은 뭐니?"

그제야 이름도 말하지 않았다는 걸 알았지 뭐야. 나는 모두가 들을 수 있게 큰 소리로 말했어.

"나디아! 내 이름은 나디아야!"

아이들이 다 같이 내 이름을 부르며 손을 흔들어 줬어. 나도 손을 크게 내젓고는 팔짝팔짝 뛰며 집으로 갔어. 먼 훗날, 내가 어른이 돼서도 이렇게 내 이름을 크게 부를 수 있는 여자가 되고 싶다는 생각을 하면서 말이야.

집이 눈앞에 나타났을 때는 솔직히 겁이 났어. 엄마 아빠는 보나마나 펄펄 뛸 테니까. 하지만 난 용기를 냈어. 이건 다른 사람이 아닌, 내가 풀어야 할 내 문제잖아.

한참을 눈치만 살피다가 엄마 아빠에게 어렵게 얘길 꺼냈어. 요 며칠 동안 내게 있었던 일들을 말이야. 내 목소리는 큰 잘못을 한 것처럼 좀 떨렸어. 그런데 이야기를 하면 할수록 엄마 아빠한테 맞더라도, 욕을 듣더라도 그리고 결국에는 다시 공장에 가게 되더라도 내가 정말 무엇을 원하는지는 말하고 싶었어.

대화는 꽤 오래 걸렸고, 비비와 처음 이야기를 나누고 집에 가는 부분에서는 눈물이 나오려는 걸 간신히 참았어. 그리고 이야기가 끝날 때쯤 아이들이 준 가방을 내밀었어. 그 안에 담긴 내용물도 보여 드렸지. 새 교과서와 함께 손가락 마디만한 몽당연필들이 들어 있었어. 몇 번 쓰고 나면 다 닳아 쓸 수도 없을 테지만, 그것 역시 그 아이들에게는 정말 소중한 물건이라는 걸 느낄 수 있었어. 그리고 그건 우리 부모님도 아시는 것 같더라. 안 된다며 버럭 화를 냈던 아빠가 한동안 몽당연필을 만지작거리며 물끄러미 바라보셨거든.

하지만 내가 당장 일을 안 하면 오빠와 동생이 학교를 다닐 수 없게 되니까, 엄마 아빠도 선뜻 센터에 보내 주겠다는 말은 하지 못했어. 그런데 그 모든 이야기를 듣고 있던 오빠가 말했어.

"학교 수업이 끝나면 나도 나디아와 함께 일을 할게요."

나는 눈을 동그랗게 뜨고 오빠를 바라봤어. 오빠는 입버릇처럼, 여자는 돈을 벌어 시집을 가면 그만이라고 했었거든.

"학교에 있는 다른 여자애들을 볼 때마다 공장에 있는 나디아 생각이 났어요."

그 말을 하면서 오빠는 좀 울먹울먹했던 것 같아. 물론 나중에는 전혀 그러지 않았다고 발뺌을 했지만 말이야.

며칠 후 엄마는 나를 데리고 센터에 찾아갔어.

이제 나는 센터에서 글을 익히고 영어와 컴퓨터를 배워. 아이들을 가르치려면 어떻게 해야 하는지 매일같이 교육도 받고 있지.

언제가 될지 모르겠지만, 비비와 아이들이 나를 도와줬듯이 나도 다른 아이들을 도와줄 거야. 수업을 받지 못하는 아이들에게 센터에서 배운 것들을 알려 주는 거지. 그날을 위해서 나는 열심

자유롭게 무엇을 배운다는 것은 여전히 파키스탄 여성들에게는 아주 특별하고도 위험한 일입니다.

히 공부하고 있어.

　물론 많이 서툴고 어린 선생님이겠지만, 그래도 나 잘할 수 있겠지? 안 그래?

2005년에 발생한 사상 최악의 지진사태, 자살폭탄테러, 부토 전 수상의 암살 사건, 사회 전반에 깔려 있는 남녀차별주의로 인한 어려운 상황 속에서도 파키스탄 소녀들은 내일을 위한 꿈을 꿉니다.

지구촌 친구들에게 보내는 희망의 편지

인도
India

　인도는 남부 아시아에 있는 나라로 수도는 뉴델리이다. 일찍이 농업이 발달한 나라 중 하나로, 지금도 인구의 약 70퍼센트가 농업에 종사하고 있다. 인도 사람들은 대부분 힌두교를 믿는다. 외래 종교 중에서는 이슬람교를 가장 많이 믿는데, 2002년 2월에는 이슬람교도들이 힌두교도들을 태우고 가던 열차를 습격, 방화함으로써 최악의 종교분쟁이 일어나기도 했다.
　주로 경제적 수준이 낮은 지역에서 성행하고 있는 조혼풍습은 여전히 인도인의 생활 깊숙이 자리잡고 있다. 이는 여성들로부터 교육의 권리를 빼앗을 뿐만 아니라, 빈곤의 악순환을 낳기도 한다. 한편 인도는 IT산업에 힘입어 경제적으로 발전하고 있는 반면 빈민층도 급속도로 늘고 있어 '두 얼굴을 가진 나라'로 불린다.

삼촌의 아내가 된 어린 신부

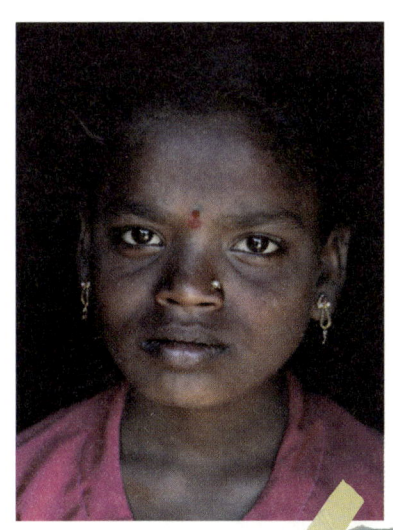

- 이름 : 암밤마
- 국적 : 인도
- 성별 및 나이 : 여, 11세
- 가족사항 : 할머니, 남편
- 장래희망 : 재봉사

나마스떼(안녕)!

나는 인도에 사는 열한 살 암밤마라고 해.

지금 편지를 쓰는 곳은 방갈로르야. 커다란 학교와 공항이 있는 도시인데, 내가 사는 동네는 번화가에서 꽤 멀어.

이리로 이사 온 지는 얼마 되지 않았어. 부모님은 원래 카마타카에서 농사를 지으셨어. 도시에 비하면 볼 것도 없는 작은 마을이지만, 그때가 행복했던 것 같아.

아빠는 힘든 농사일에도 늘 웃으셨어. 수확한 것을 팔아 조금씩 돈이 모이면 얼마나 좋아하셨다고. 그건 내가 학교에 갈 때 쓸 돈이었어.

그런데 날이 갈수록 농사짓는 일이 잘 안 됐어. 굶는 날이 많아지면서 겨우 모아 두었던 내 학비마저 다 써 버리고 말았지. 그래서 결국 고향을 떠날 수밖에 없었어.

아빠는 도시에 가면 일자리가 있을 거라고 했어. 방갈로르에는 다른 나라 기업들이 세운 큰 건물들이 많았거든. 외국인들이 드나드는 화려한 호텔까지 있으니, 금방 일을 찾게 될 줄 아셨던 모양이야.

아빠가 악착같이 돈을 벌려고 했던 건 나 때문이기도 해. 지금도 생생하게 기억나. 고향에서 마지막으로 자던 날, 아빠가 엄마에게 했던 말들이.

"암밤마는 우리처럼 살게 하지 않을 거야. 어떻게든 열심히 가르쳐서, 원하는 걸 하게 해 주고 싶어."

"사람들이 손가락질해요. 여자애를 무슨……."

아빠는 엄마 말을 다 듣지도 않고 그랬어.

"누가 뭐라던 그건 중요하지 않아. 도시에 나가 봐. 남자 못지않게 당당한 여자들이 얼마나 많은데. 암밤마도 그렇게 살게 해 주자고. 내가 더 부지런히 일하면 되잖아."

그때 얼마나 행복했었다고. 그런 분이 우리 아빠라는 게 자랑스러워서, 학교에 못 가 서운했던 마음은 금세 스르르 풀어졌어.

우리 나라에선 딸을 낳기 싫어해. 신랑에게 결혼 지참금까지 줘가며 결혼시켜야 하는 딸이 부담스러운 거야. 어차피 남의 집에 갈 테니, 학교는 아예 보낼 필요도 없다고 생각해. 딸은 남자를 위해 살아가는 하찮은 존재라고 여길 뿐이니까.

나는 아빠한텐 그런 소리를 들어 본 적이 없어. 항상 그러셨지. 이 세상에서 가장 소중한 건 바로 나 자신이라고.

지금은 그 모든 게 어젯밤 꿈만 같아. 이제 아빠도 엄마도 내 곁에 계시지 않으니 말이야.

아빠는 제대로 일도 못해 보고 돌아가셨어. 큰 회사는 아무나 들어갈 수 있는 곳이 아니었어. 짐을 나르는 일이나 작은 공장들을 찾아다녀야 했지. 하지만 몸이 약한 아빠한테 일자리를 주는 곳은 없었어.

아빠는 하루하루 더 말라 갔어. 피부는 꺼슬꺼슬해지고 이까지 숭숭 빠져선 언뜻 할아버지처럼 보일 정도였어.

사실 아빠는 에이즈 감염자였어. 날이 갈수록 면역력이 약해지는 병이라, 다른 질병이 몸속에 들어와도 싸울 힘이 없어지는 거

ⓒ 굿네이버스 박찬학

인도에는 조혼 풍습이 있어 어린 나이에 결혼하는 여성이 많습니다. 그녀들은 가사, 임신, 육아 등 감당하기 어려운 많은 일들을 이겨내야 합니다.

야. 나중엔 가벼운 감기조차 이기지 못할 만큼 약해져 버리고.

아빠는 점점 지쳐가고 있었어. 다리에 힘이 없어 오래 서 있질 못했고 조금만 움직여도 금세 피곤해했어. 약을 먹으면 좀 나았으련만, 우리는 병원에 갈 차비조차 없었어.

엄마가 병원비를 구하려고 벽돌 나르는 일을 하셨어. 그땐 엄마의 증세가 그렇게 나빠진 줄 상상도 못했어. 아빠와 같은 병이었지만, 몇 년 전에 감기를 앓았던 걸 빼면 한번도 아팠던 적이 없었으니까.

엄마는 비를 맞고 일한 날 저녁부터 부들부들 떨기 시작했어. 얼굴이 붉게 달아올라 숨을 몰아쉴 때도 감기가 심하게 든 줄로만 알았어.

그런데 엄마는 다음날도 그 다음날도 일어나지 못했어. 이마는 금방이라도 터질 것처럼 펄펄 끓는데 식은땀으로 범벅된 몸은 차갑기만 했어. 그제야 난 더럭 겁이 났어. 엄마의 팔다리라도 주물렀어야 했는데 내 손이 바들바들 떨려서 도무지 정신을 차릴 수가 없었어.

엄마는 그렇게 아빠보다 두 달이나 일찍 돌아가셨어. 너무나 갑작스러워 눈물조차 나오지 않았어. 며칠이 지나고, 흙이 묻은 엄마의 옷가지를 정리할 때서야 정신이 들었어. 아픈 몸으로 벽돌을 날랐을 엄마를 생각하니 하염없이 눈물이 쏟아졌어.

그 뒤로 아빠는 계속 누워 계셨어. 간신히 먹을 것을 넘겨도 바로 토하고 말았어. 퀭한 눈으로 허공을 바라보는 게 전부였지.

난 밖에 나가 일을 하는 내내 조마조마했어. 혹시 내가 없는 동안 무슨 일이 생기는 건 아닐까, 얼마나 불안했는지 몰라. 평생 누워 있어도 좋으니까 아빠만 내 옆에 있어 주길, 간절히 바라고 또 바랐는데.

"아⋯⋯ 빠⋯⋯?"

아빠 숨이 멎는 순간, 난 아빠를 꼭 부둥켜안았어. 너무 무서운 장난을 치는 것만 같아서, 빨리 일어나라고 바락바락 소리치고 싶었어. 이 세상에 나만 덩그러니 남았다는 게 믿어지지 않아서 제발 가지 말라고 애원해야 했어.

하지만 아무 소리도 나오지 않았어. 꼬옥 껴안아도 숨결이 느껴지지 않는 아빠가 너무 불쌍해서, 더 이상 아프지 않게만 해 달라고 그저 마음속으로 기도 드렸어.

난 아빠를 보내고 근처 친척집에 얹혀살게 됐어. 가난하긴 마찬가지여서 쉬지 않고 일해야 한 끼를 먹을 수 있었어. 그렇게 몇 해 지나, 난 스물두 살 된 외삼촌과 얼마 전에 결혼을 했어.

놀랐지?

아마 그랬을 거야. 나 역시 벌써 결혼했다는 게 낯설기만 하니까. 더군다나 외삼촌이 내 남편이 될 줄은 정말 몰랐어.

우리 나라에선 어린 나이에 결혼을 많이 해. 법으로 못하게 해 놨지만 안 지키는 사람이 대부분이야. 오래전부터 이어져 내려온 풍습이라 여기지, 나쁜 짓이라곤 생각지 않거든.

물론 다 그런 건 아니야. 도시엔 그런 풍습을 거부하는 사람들이 꽤 있어. 주로 변호사나 의사 같은 전문 직업을 가진 여자들인데, 스무 살 정도에 결혼을 한다나 봐.

꼭 다른 세상 얘기 같지? 그 여자들은 겉모습부터 우리와는 완전히 달라. 흔히 인도 여자들이 하는 것처럼 얼굴을 가리지도 않아. 꽉 끼는 청바지나 짧은 치마를 입고 거리를 막 돌아다녀. 그 모습이 놀라우면서도 한편으론 멋져 보여.

만약 아빠가 살아 계셨다면 나도 그렇게 클 수 있었을까…….

"아빠……."

오늘처럼 꿈에서 본 날이면 아빠가 더 그리워.

그렇다고 그런 생각을 오래할 순 없어. 얼른 쌀을 씻어 안치고,

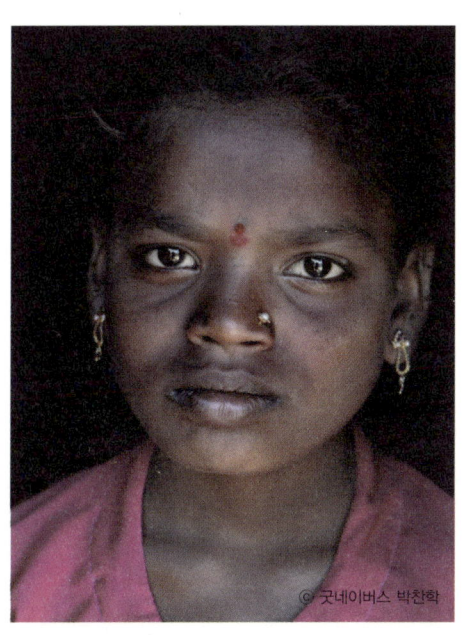

열한 살이라는 어린 나이에 결혼한 암밤마는 삼촌의 아내로 살아가고 있습니다.

화덕에 짜파티(인도의 밀가루 빵)를 구워 아침 준비를 해야 하니까. 남편이 밥을 먹고 일을 나가면 난 하루 종일 집안일을 하면서 지내.

제일 힘든 건 빨래야. 다른 식구들 옷은 그래도 괜찮은데, 남편 옷을 빠는 건 정말 힘들어. 나보다 덩치가 몇 배나 크거든. 물에 젖어 무거워진 옷들을 한낮이 다 가도록 빨고 나면, 팔이 저려 물지게를 질 힘도 없을 지경이야.

빨래를 다 하고도 쉴 시간은 없어. 어제도 교육에 늦어서 집안일을 다 못해 놓고 나갔다가 남편한테 혼났어. 아마 또 그러면 한 발짝도 못 나가게 할지 몰라.

난 며칠 전부터 여성보호시설에서 운영하는 교육을 받고 있어. 이 단체는 인도의 나쁜 관습으로부터 여성들을 보호하기 위해 만들어졌대. 여자들이 스스로를 소중히 여기도록 교육시켜 주기도 하고.

간혹 어떤 언니들은 그래. 이런 교육을 받는다고 해서 우리가 사는 환경이 금세 달라지겠냐고. 그러면서 시설엔 나오고 싶어 해. 집에서 죽어라 일만 하는 것보단 나으니까.

난 아이들과 만나 수다를 떨 수 있어서 좋아. 함께 모여 여러

빨래를 하려면 물지게로 물을 길어다 쓰거나 강가 빨래터로 나가야 합니다.

가지를 배울 수 있는 것도 마음에 들고.

어젠 처음으로 글을 읽고 쓰는 법을 배웠어. 수업을 듣는 동안 아빠 생각이 났어. 이런 내 모습을 보셨다면 얼마나 좋아하셨을까, 자꾸 그런 마음이 들어서. 글을 열심히 배우면 지금보다 훨씬 당당해진 내 모습을 보여 드릴 수 있을 텐데, 이젠 곁에 계시지 않잖아. 아마 그게 너무 아쉬워 아빠 꿈을 꾸었나 봐.

남편한텐 그런 말조차 꺼낼 수가 없어. 거기서 기술 같은 것만 가르쳐 주는 줄 알거든. 만약 사실을 알게 되면 여자가 글 따위는 배워서 뭐 하냐고 할 거야. 여성의 인권이니, 사람으로서 당연히 누려야 할 권리니, 그런 것들까지 교육받는 줄 알면 펄쩍 뛸걸. 들키면 못 가게 할 게 뻔해.

남편이 나쁜 사람은 아니야. 정말 못된 사람들은 따로 있어. 어떤 친구들은 지참금을 적게 해 왔다고, 매일 남편한테 매를 맞고 살아.

그런 걸 보면 내가 배우는 것들이 틀린 말은 아닌 것 같아. 사람보다 돈이 중요한 건 아닌데, 왜 여자들은 그보다 못한 취급을 받아야 하느냔 말이야.

더한 일도 있어. 남편이 먼저 죽기라도 하면 큰일 나. 그게 전부 여자 탓이라고 몰아세우니까. 어린 나이에 과부가 되면 잘못한 게 없는데도 평생 죄인처럼 살아야 해. 늘 죽음의 그림자가 붙어 다닌다고 믿기 때문에 사람들 근처엔 얼씬도 못하거든.

나도 그런 게 당연한 줄로만 알았어. 여자로 태어났으니까 그렇게 살면 되는 거라고 믿었어. 하지만 이젠 아니야. 우리가 받고 있는 대우가 얼마나 잘못된 것인지, 교육을 받으면서 느끼게 됐어.

그렇다고 남들 앞에서 떳떳하게 말할 용기는 없어. 난 아직 어리고 배운 것도 없는데 누가 내 말을 귀담아 들어주겠어. 그런 말을 했다간, 집은 물론 동네에서까지 쫓겨날지 몰라.

그래도 같은 생각을 하는 사람들이 있다는 게 어디야. 우리끼리 있을 때라도 그런 말들을 입 밖으로 꺼낼 수 있잖아. 이렇게 하나 둘 모이다 보면, 언젠가는 큰 소리로 말할 용기가 생기지 않겠어?

예전에 아빠가 그러셨어. 잘못된 길로 가고 싶지 않으면 그만큼 힘이 있어야 한다고. 열심히 배우고 익히면 그런 힘은 저절로 생길 거라 하셨지.

난 교육을 받기 시작하면서 정말 하고 싶은 게 뭔지 생각났어. 내 손으로 멋진 옷을 만들어 보고 싶어. 예전부터 예쁜 옷을 볼

어떤 사람들에겐 무언가를 배운다는 것이 너무나 당연한 일입니다. 하지만 이 어린 신부에게는 어떠한 고통도 이겨낼 수 있는 큰 힘입니다.

때면 가슴이 뛰었어. 그 옷을 입어 보고 싶어서가 아니라, 만들어 보고 싶단 생각이 들어서 말이야.

힘든 빨래를 할 때면 그런 상상을 자주 해. 울긋불긋한 고운 옷감을 재봉틀 위에 놓고 드르르 바느질하는 내 모습을. 바늘에 꿴 실이 미끈한 천 위를 물 흐르듯 스치면, 어느새 옷 한 벌이 완성되는 거야. 거기에 새나 꽃 같은 고운 자수까지 수놓아 봐, 얼마

암밤마에게는 소박하지만 간절한 꿈이 있습니다. 고운 옷감에 색색의 실로 바느질을 해서 예쁜 옷 한 벌을 완성하는 것입니다.

나 멋지겠어. 그러면 사람들이 내 옷을 입어 보겠다고 앞다투어 몰려드는 거지. 머지않아 유명한 패션 디자이너가 되면 내 옷을 입은 사람들이 거리에 넘쳐날걸.

근사하지 않니? 너희도 한번 해 봐. 힘들고 지칠 때마다 정말 되고 싶은 걸 맘껏 상상하다 보면, 어느새 시간이 훌쩍 가 버릴 테니까.

물론 지금은 재봉틀도 없어. 집안일이 익숙해지면 틈나는 대로 바깥일을 해서 살 생각이야. 옷을 만들어 팔면 어려운 살림에 도움이 될 테니 남편도 뭐라 하진 않을 거야. 시설에서 원하는 기술을 하나씩 가르쳐 준다고 했으니까, 우선 재봉틀 다루는 법부터 잘 배워 둬야지.

난 오늘도 공부하러 가면서 부지런히 뛰었어. 어두워지려는 동네 언덕을 막 내려가는데 밤하늘에 별들이 보이지 뭐야. 그중에 유난히 반짝이는 큰 별 두 개가 눈에 띄었어. 꼭 우리 부모님이 날 보고 있는 것만 같더라. 그래서 큰 소리로 외쳤어.

"아빠 엄마, 난 잘 살 거예요. 뭐든 열심히 배워서 지금보다 더 나은 사람이 될게요. 거기서 꼭 지켜봐 주세요!"

두 분이 웃으시는지 별들이 깜빡거렸어.

나는 하늘을 향해 힘차게 손을 흔들고 다시 뛰었어. 혼자 그러고 나니까 얼마나 쑥스럽던지 아까보다 더 빨리 달려야 했지.

언젠가 내가 근사한 옷을 만들게 되면, 너희한테도 꼭 보여 줄게.

기대해!

그때까지 모두 안녕.

지구촌 친구들에게 보내는 희망의 편지

안녕! 사랑스런 친구에게~

우리는 한국의 승현이네 가족이에요. 엄마, 아빠, 누나, 동생과 함께 생활한답니다. 얼굴도 모르는 친구에게 무언가를 전하고 싶은데… 이렇게 사랑의 마음을 전하고 싶어요~ 어려운 환경 속에서 희망을 찾고 그 희망의 등불 삼아 살아가는 우리 친구들에게… 우리가 누리는 행복이 조금은 미안하고 부끄러워집니다. 누군가를 위해 나눌수 있다는 그런 마음이 가장 필요하다는 사실에 왠지자꾸 목이는 반성했답니다. 친구들의 생활이 지금은 어렵고 힘들겠지만 미래는 밝고 희망차고 행복으로 충만될거라고 믿습니다. 어려운 환경 속에서도 희망을 잃지 않고 항상 건강하세요. 언제가 친구들의 얼굴을 보면서 환한 미소 지으며 만날 날을 고대합니다. 지금 이 편지를 쓰는 사람은 엄마에요. 여린 손은 제가 많아서 가끔이나마 웃음을 줄수 있어서 정말 감사합니다. 친구들… 친구의 웃음속에서 희망을 찾으면서 행복을 노래하며 사랑의 꽃피움니다. 행복은 항상 친구 곁에 있으며 희망은 항상 손안에 있으니, 할수 있다는 신념으로 잘 지내도록 해요~. 친구를 사랑합니다.

승현이네 가족 일동

학교 ○○초등학교 학년 2 반 1
이름 이승렬

★ 이 책에 실린 편지들은 '지구촌 희망편지쓰기대회' 수상작 및 응모작입니다.

Nepal

〈네팔 안나푸르나 지역의 흑송 Jomsom〉 ⓒ 오성식

네팔은 중국과 인도 사이에 자리한 내륙국가로 수도는 카트만두이다. 인구의 4분의 3이 종사하는 농업이 국가 경제의 주요 동력이고, 작물로는 사탕수수, 담배 등이 있다. 한편, 전체 인구의 약 3분의 1이 절대 빈곤에 허덕이고 있으며 사회 내에는 여전히 카스트 제도와 남녀차별이 존재한다. 또한 현재 정부는 내란으로 몸살을 앓고 있는데 이로 인해 곳곳에서 난민이 발생하고 있다. 문맹률은 약 75퍼센트로 대부분의 사람들이 교육의 혜택을 받지 못하고 있다.

써르밀라, 꿈을 향해 날다

- 이름 : 써르밀라
- 국적 : 네팔
- 성별 및 나이 : 여, 8세
- 가족사항 : 아빠, 엄마, 오빠 2명, 남동생
- 꿈 : 두 손으로 머리를 예쁘게 묶는 것

안녕?

나는 싸움닭이야. 내가 싸움을 좀 하거든.

물고 할퀴고 걷어차고. 한번 째려보기만 하면 모두들 말도 못 걸어.

아, 그렇다고 그런 눈으로 보지는 마. 처음부터 그랬던 건 아니니까. 내 입으로 말하긴 좀 쑥스럽지만 이래 봬도 난 순한 양이었어. 학교를 다니지 못하게 되면서 성격이 조금씩 바뀐 거라고.

왜 학교에 못 다니냐고?

이야기하자면 좀 긴데, 네가 정 듣고 싶다면 얘기해 주지. 내가

네팔 왕궁. 네팔이 세계 최빈국 중 하나로 꼽히는 가장 큰 원인은 아직도 사라지지 않고 있는 신분제도인 카스트 제도 때문입니다.

아주 어릴 때, 부뚜막에 떨어져서 한쪽 팔이 화상으로 오그라들었거든. 우리 나라에서 나처럼 장애를 가진 아이는 학교에도 다니기 힘들어. 흉측하게 생겼다는 이유로 말이야. 네가 생각해도 어이없지? 그러니 난 어떻겠니.

다치던 날 바로 병원에 갔어야 했는데, 그때는 그럴 형편이 아니었대. 우리 마을은 네팔의 산기슭에 있거든. 여긴 자동차 같은 건 없어. 대신 말이 있지. 병원까지 가려면 말을 빌려 타야 하는데, 그날은 말을 빌릴 수도 없었고, 병원비도 없었대.

뒤늦게 돈을 구해 수술을 받았지만 잘 되지 않았어. 우리 나라는 병원도 부족하지만 병을 고치는 기술도 부족하거든.

학교를 다니기 위해 얼마나 많은 학교를 찾아다녔는지 몰라. 물론 번번이 퇴짜를 맞았지만. 그러다 한번 와 보라는 학교가 있었어. 소식을 듣고 나는 뛸듯이 기뻤어. 아빠는 종이에 학비를 싸

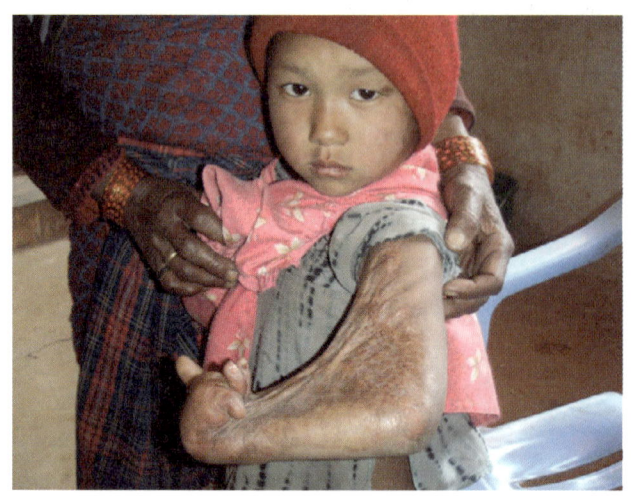

써르밀라는 뒤늦은 응급처치와 빈곤한 가정 형편 때문에 왼팔에 크나큰 흉터를 얻게 되었습니다.

는 내내 싱글벙글이었어. 마치 아빠가 학교에 입학하는 아이 같았다니까.

아빠는 나를 학교에 보내기 위해 인도까지 가서 돈을 벌어 왔거든. 이곳은 농사 말고 달리 돈 벌 방법이 없어. 땅이 메말라서 1년 내내 죽어라 일해도 3~4개월치 식량밖에는 나지 않아. 그래서 다른 집 아빠들처럼 우리 아빠도 도시나 다른 나라로 나가 일을 해.

어쩌다 한번 집에 오는 아빠는 추우나 더우나 늘 똑같은 옷이었어. 한겨울에 구멍 뚫린 낡은 구두를 신고 오기도 했지. 아빠는 그래도 힘들다는 말 한번 하지 않았어. 오히려 돈을 벌 수 있어 기쁘다고 했어. 물론 그게 다 거짓말이라는 건 나도 알아. 우리 엄마 말마따나 여덟 살이라는 나이를 똥구멍으로 먹은 건 아니니까.

아무튼 그렇게 모은 돈을 들고 학교에 찾아갔지만, 선생님은 고개를 내저었어. 아빠한테 얘기만 듣다 막상 내 모습을 보니까 흉해 보였는지 얼굴을 다 찌푸렸어. 마치 못 볼 거라도 본 듯 말이야.

아빠는 지금 와서 어떻게 그럴 수 있냐고 화를 냈어. 빌다시피 사정도 했지. 하지만 모두 헛수고였어.

"몸이 불편할수록 더 가르쳐서 세상에 내보내야지. 저런 학교라면 다닐 필요도 없어!"

집으로 돌아가면서 아빠는 한바탕 욕을 퍼부었어. 손을 잡고 이런저런 이야기를 나누며 걸어갔던 그 길을 우리는 아무 말도 없이 되돌아왔어.

집에 온 나는 몰래 다시 학교에 갔어. 암만 생각해도 억울하고 분했거든. 내 팔이 남들에게 옮기는 병도 아니고, 수업을 방해하는 것도 아닌데. 왜, 왜 안 된다는 거야!

난 돌멩이 하나를 주위서는 유리창을 향해 힘껏 던졌어. 유리창이 와장창 깨지고 사람들이 밖으로 나왔지만, 도망가지 않았어. 꼼짝 않고 그 자리에 서 있었어. 똑똑히 보란 듯이 말이야.

밖으로 나온 아이들 중에는 내 친구들도 있었어. 학교에 가서도 꼭 붙어 다니자 약속했던 친구들이었어. 친구들은 내 팔이 흉측해도 놀리지 않았어. 그런데 아이들 속에 서서 난처한 듯 나를 바라보는 친구들을 보자, 그 친구들이 낯설게 느껴졌어. 며칠 전까지도 함께 놀았었는데 말이야.

아까 아빠와 이야기를 나눴던 선생님이 내 팔을 우악스럽게 잡았어. 선생님은 믿기지 않는 눈으로 나를 보고는 집이 어디냐고 다그쳤어. 겁이 났지만 울지는 않았어. 그깟 유리창에 비하면 내 마음은 더 크게 다쳤으니까.

나를 앞세워 우리 집까지 찾아간 선생님은 엄마 아빠에게 고래고래 소리를 질렀어. 엄마는 유리창 값으로 감자 한 자루를 내줘야 했어. 그건 우리 식구가 반년 넘게 가꾼 감자였어.

선생님도 싫었지만, 엄마 아빠는 더 싫었어. 큰소리 한번 못 치고 감자를 내준 것도, 나를 일찍 병원에 데려가지 못한 것도 모두 다 원망스러웠어. 이 모든 게 다 엄마 아빠 때문인 것 같았어.

"써르밀라 따망."

아빠가 불렀지만 발끝만 내려다봤어. 힘없는 아빠, 초라한 아빠는 싫었거든.

"네 마음이 얼마나 아픈지 알아."

아빠 눈이 새빨개져 있었어. 아빠가 나보다 더 속상할지도 모른다는 생각이 들었어. 아무리 눈에 힘을 줘도 눈물이 나오지 뭐야.

"감자를 다 주면 어떡해."

나는 따지듯 말했는데 아빠는 웃으며 답했어.

"괜찮아."

"우리 식구가 한 달 동안 먹을 식량이었잖아."

학교에 다닐 수 없어 슬플 때도, 친구들에게 외면당해 외로울 때도 써르밀라 곁에는 늘 가족이 함께 했습니다.

"오늘부터 조금만 먹지 뭐."

아빠가 눈물을 닦아 줬어. 나도 아빠 눈물을 닦아 줬어야 했는데, 그러지 못했어. 아빠에게 고맙고 미안했어. 내가 다른 아이들처럼 정상적인 몸을 가졌다면, 아빠가 이렇게까지 고생하지는 않았을 테니까. 오늘 같은 일은 없었을 테니까.

"다시 찾아보자. 네가 다닐 수 있는 학교가 분명 있을 거야."

고개를 끄덕였지만, 속으로는 정말 그런 학교가 있을까 싶었어. 그것이 얼마나 큰 꿈인지 이제 잘 알거든.

아빠는 다시 인도로 떠났어. 친구들은 모두 학교에 가고, 나는 늘 혼자였어. 예전에는 친구들과 염소에게 줄 꼴을 베고, 부대자루 가득 옥수수를 따도 힘든 줄 몰랐는데, 이젠 그 모든 걸 나 혼자 하려니 재미가 하나도 없었어.

애들은 지금 뭘 할까? 달리기를 하고 있을까? 노래를 부르고 있을까?

아이들 속에 나만 쏙 빠졌다고 생각하니 기분이 별로였어. 틈틈이 사둔 공책이며 연필들을 볼 때마다 공연히 신경질도 났어. 나는 이 모든 걸 영영 못 쓸 테니까.

집에 오면 괜히 염소 꼬리를 잡아당기고, 동생을 때리고, 오빠들을 할퀴어댔어. 가끔 길에서 친구들을 만났지만 예전 같지 않고 서먹서먹했어. 친구들이 같이 놀자고 찾아와도 쌀쌀맞게 문을 닫았어. 이젠 친구들에게도 팔을 보여 주기 싫었지.

하지만 친구들이 정말 싫었던 건 아니야. 오히려 친구들이 노는 모습을 종종 훔쳐봤는걸? 공기를 하고 고무줄을 할 때마다 얼마나 같이 놀고 싶었다고.

"어유, 우리 집 싸움닭. 언제 엄마 딸로 돌아오려나?"

엄마는 내가 못되게 굴 때마다 장난처럼 말했어.

나는 싸움닭이란 말이 싫었지만, 내가 봐도 싸움닭처럼 행동했어. 언제부턴가 나도 모르게 화가 나 있었거든. 부글부글 끓어오르는 내 마음을, 어떻게도 풀 수 없다는 게 더 화났어.

한번은 정말 많은 비가 내렸어.

엄마는 동생을 데리고 시내에 가고, 집에는 나 혼자 있었어. 오빠들은 학교에 가고 없었지.

팔베개를 하고 창밖으로 빗방울 떨어지는 걸 보고 있는데 어디선가 '매애애애' 염소 울음소리가 들리지 뭐야. 가축우리를 봤더니, 우리 집 염소들은 속 편하게 자고 있더라고.

혹시나 하고 언덕을 보니, 친구네 염소가 비를 맞고 있었어. 우리는 종종 풀을 뜯어 먹을 수 있게 나무 아래 염소를 매뒀었거든. 흠뻑 젖은 염소가 바들바들 떨면서 '매애애' 울었어. 얼마 전 친구들과 태어나는 모습을 지켜봤던 새끼 염소였어.

조금 있으면 친구들이 학교에서 돌아올 시간이었어. 모른 척 다시 집으로 돌아가야 하나, 우리 집으로라도 끌고 가야 하나 갈팡질팡하다, 나는 미적미적 집으로 돌아왔어.

자리에 누웠지만 마음이 편하지 않았어. 빗소리가 커진데다, 염소 울음소리는 더 커져 있었거든. 그 소리가 꼭 날 부르는 것 같아 자꾸만 가슴이 콩닥거렸어.

난 벌떡 일어나 밖으로 나갔어. 불어난 물살에 겁을 먹었는지 염소는 뒷다리에 잔뜩 힘을 주고 목줄을 빼려고 안간힘을 쓰고 있었어. 땅이 질퍽거리는데다 염소가 하도 발버둥치니까 말뚝이 다 흔들거렸지. 금방이라도 뽑힐 듯이 말이야. 나는 더 생각하고 말고 할 것도 없이 미끄러지다시피 달려갔어.

퍼붓는 빗속에서 가까스로 줄을 풀었어. 염소가 얼마나 난리를 치는지 몸이 다 휘청거렸지. 물살이 종아리까지 차오른데다 한 손으로 염소를 감당하려니 발이 자꾸 미끄러졌어.

집에 왔을 때는 염소도 나도 완전히 녹초가 되었어. 염소를 우리에 묶고 나니 나도 모르게 잠이 든 거 있지.

눈을 떠보니 친구들이 내 주위에 둘러서 있었어. 나는 자리에 눕혀져 있고 말이야. 친구들 곁에는 염소도 있었어. 그러니까 내가 구해 준 그 새끼염소 말이야.

친구들이 온 게 정말 좋은데, 어떤 말을 해야 할지 모르겠더라고. 쑥스럽기도 하고 자랑스럽기도 했어. 자꾸만 웃음이 나와서 친구들 몰래 허벅지를 얼마나 꼬집었는지 몰라.

친구들은 그런 내 마음도 모르고 서로 눈치를 살피다가 어렵게 입을 열었어.

"써르밀라, 미안해……."

"우리만 학교에 다니게 될 줄은 정말 몰랐어."

순간 귀가 새빨개졌어. 친구들이 그렇게 생각하고 있는지는 꿈에도 몰랐거든. 나와 친구인 걸 부끄럽게 여기는 줄 알았어. 친구들에게 선을 긋고 쌀쌀맞게 굴었던 게 떠올랐어.

"내가 더 미안해……."

미처 감추지 못한 팔이 불빛에 드러나 있었어. 팔을 감춰야 하나 생각하고 있었는데 친구들이 내 팔을 잡아당겼어.

"우리가 학교에서 배운 걸 가르쳐 줄게."

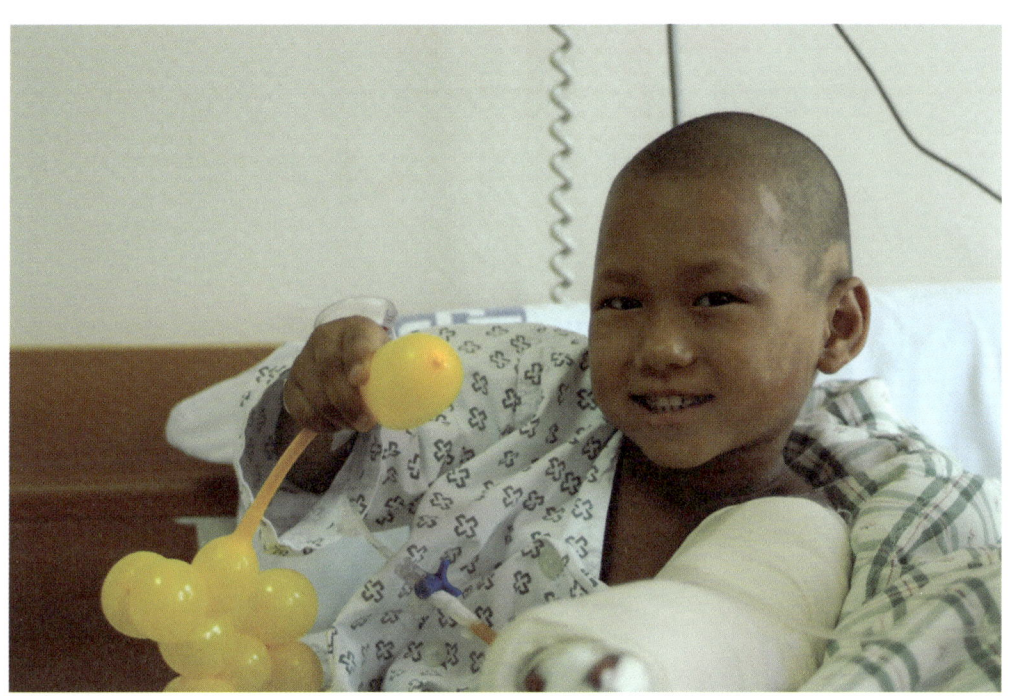

써르밀라는 수술이 성공적으로 끝나 왼쪽 팔을 자유롭게 움직일 수 있게 되었습니다.

"글씨 쓰는 것도, 더하기 빼기도, 모두 다 말이야."

"이제 우리랑 놀자."

나는 팔을 빼려고 했어. 그런데 친구들은 그런 내 팔을 더 꽉 잡았어.

"네가 없으니까 하나도 재미없어."

나는 친구들을 빤히 바라봤어.

우리가 노는 데 내 팔이 보기 흉하다는 건 하나도 중요하지 않앉어. 오히려 그런 건 모를 정도로 신나게 놀았는걸. 나에게 얼마나 좋은 친구들이 있는지 그동안 잊고 있었지 뭐야.

나는 이제 학교에 다녀.

어떻게 다닐 수 있냐고? 우리 마을에 의사 선생님이 왔거든. 그것도 한국에서 말이야. 의사 선생님은 달구지 가득 약상자를 싣고 와서는 천막으로 병원도 세웠어. 그곳은 늘 사람들로 북적거렸어. 선생님은 내 팔을 보고는 최선을 다해 고쳐 보겠다고 했어. 수술을 한다는 게 겁이 나긴 했지만, 두 팔을 마음대로 쓴다 생각하니 가슴이 다 두근거리는 거 있지?

나는 이제 왼쪽 팔을 움직일 수 있어. 흉터가 남기는 했지만 이런 것쯤은 괜찮아. 내가 이 두 팔로 철봉에 얼마나 잘 매달리는지, 오빠와 동생을 얼마나 잘 괴롭히는지 보여 줄 수 있으면 좋을 텐데, 정말 아쉽다.

학교는 허름하기는 하지만 재밌어. 내가 다른 아이들보다 늦게 입학해서 글을 익히는 게 서툴고 셈을 못할 때면, 아이들이 차근차근 가르쳐 줘. 뭐, 선생님 흉내를 내는 것만 빼면 그럭저럭 봐 줄 만해.

아, 그리고 우리 아빠. 내가 다닐 수 있는 학교가 분명 있을 거

학교를 다닐 수 있게 된 쎠르밀라는 그 누구보다도 열심히 공부하고, 친구들과도 사이좋게 지냅니다.

라던, 우리 아빠.

아빠는 얼마 전부터 우리와 함께 살아. 가끔 나를 학교에 데려다 주는데, 아빠 손을 잡고 가는 그 길은 정말 최고야. 아빠랑 수다를 떨다 보면 금세 학교에 도착한다니까.

학교를 다니면서 내 별명도 바뀌었어.

이번엔 뭐냐고?

글쎄, 네가 한번 알아맞혀 봐.

지구촌 친구들에게 보내는 희망의 편지

지구촌 친구들아, 안녕? 나는 한국에서 부천에 살고있고 석천초등학교에 다니는 6학년 7반 이지영이야.

내가 사는 한국은 여름이라 날씨가 더워. 너희들이 사는 나라들을 내가 가볼 수도 없고, 너희들의 이름도 모습도 알지못하니 참 궁금하다. 내가 하찮게 여겼던 100원짜리 동전하나로 너희중 한명이 하루를 굶지않게 지낼 수 있다는 사실은 나를 정말 부끄럽게 만들었단다. 해마다 난 '사랑의 빵 저금통'과 '100원의 기적'에 참여하고 있어. 부모님께서는 우리 가족도 '기아체험24시간'을 해보자고 하시는데, 나와 동생은 아직 용기가 없어 못해보고 있어. 그렇지만 이젠 꼭 해볼거야! 그래야 너희들을 진심으로 이해할 수 있게 될테니깐. 너희는 내가 부럽겠지만, 난 너희들의 생활환경을 알고 난 뒤 참 미안하고 걱정스러웠단다. 내가 달콤한 사탕과 초콜릿을 먹고 있는 동안에 너희 굶어 죽지 않으려고 풀뿌리를 뜯고 있다고 생각하니 나도 정말 마음이 아파. 사실 난 부모님께 일주일에 3000원씩 용돈을 받아. 그걸로 준비물을 사고 나머지는 다 과자나 아이스크림을 사먹어. 내가 밉지? 그런데 이제부터는 '천원의 나눔가족'이 되려고 해. 그래야만 진정으로 너희들에게 더 가까이 다가갈 수 있을것 같거든. 그리고 난 너희들을 활짝 웃게 만들어주고 싶어. 있잖아 우리나라에서 얼마전에 세상의 가난하고 어려운 사람들과 소외받고 고통받는 사람들을 위해 평생을 사신 김수환 추기경님께서 돌아가셨어. 우리가족을 비롯해 많은 사람들이 슬퍼했어. 나도 그분처럼 내가 받은 사랑의 일부를 나눌 줄 아는 아름다운 사람이 되겠다고 너희들에게 약속할게! 꼭 내가 커서 너희가 사는 나라들에 찾아가서 가난과 질병으로 고통받고 있는 너희를 도와줄게. 또 꼭 선생님의 꿈을 이루어서 공부도 가르쳐줄게. 그리고 나의 도움의 손길을 기다리고 있을 너희에게 부끄럽지 않게 낭비하지 않고 무엇이든 절약할게. 그동안 너희들도 희망을 잃지말고 잘지내고 있어야 돼! 그럼 우리가 만날때까지 안녕!!!

부천 석천초등학교 6학년 7반
이름 이지영

★ 이 책에 실린 편지들은 '지구촌 희망편지쓰기대회' 수상작 및 응모작입니다.

We are Friends Family 땡땡땡

굿네이버스 세계시민교육

One Heart!

굿네이버스

굿네이버스 세계시민교육 One Heart!

굿네이버스는 세계시민교육을 통하여 세계화 시대를 살아가는 어린이들이 지구촌 이웃의 삶을 이해하고 그들의 인권을 존중하며, 빈곤과 재난, 억압으로 고통받는 이웃의 아픔에 공감하여, 그들이 희망을 갖고 살아가도록 돕는 협력의 방법을 배우게 함으로써, 궁극적으로 세계를 품고 나눔을 실천하는 세계시민으로 성장하도록 돕고 있습니다.

'One Heart'는 지구촌 이웃의 삶에 관심을 갖고, 서로의 아픔과 어려움을 위로하며, 함께 돕고자 하는 '하나의 마음'을 의미합니다.

왜 세계시민교육이 필요할까요?

지금, 우리가 살아가는 지구촌 65억의 인구 가운데 약 10억 명이 하루 1달러도 안 되는 생활비로 힘겹게 살아가고 있습니다. 또한 3초에 1명씩 기아와 질병으로 아동이 죽어가고 있으며, 매일 8천여 명이 에이즈로 사망하는 등 지구촌에는 소리 없는 전쟁이 계속되고 있습니다. 이러한 지구촌의 현실을 외면한 채 우리나라 혹은 나에게만 관심을 집중한다면, 지구촌이 하나의 공동체화 되어 가는 세계화 시대에 다른 나라들로부터 고립될 뿐만 아니라 해결되지 않은 지구촌 문제가 결국 우리에게 되돌아올 것입니다.

세계화 시대를 살아갈 우리 어린이들은 세계를 무대로 활동하며, 지구촌 이웃과 더욱 가깝게 호흡하게 될 것입니다. 미래의 주역인 어린이들이 지구촌 이웃과 더불어 살면서 지도자로서 충분한 역량과 리더십을 발휘하기 위해서는 올바른 세계관과 가치관 정립이 필수적입니다. 이를 위해서는 어린이가 지구촌 현실을 바로 알고 공동체적 관점에서 세계를 바라볼 수 있도록 하는 '세계시민교육'이 필요합니다.

One Heart ! 교육

지구촌 이웃의 모습

여러분은 지구촌 이웃에 대해 얼마나 알고 있나요?
지구촌에는 65억 명의 이웃들이 살고 있습니다.

· 세계 이웃 7명 중 1명은 하루 1천 원보다 적은 돈으로 힘들게 살아갑니다.
· 5초에 1명씩 어린이가 굶어 죽어 가고 있습니다.
· 5살 이하의 어린이 4명 중 1명은 저체중으로 고통받고 있습니다.
· 하루에 2만 3천 명의 어린이가 치료할 수 있는 병으로 죽어갑니다.
· 세계의 7천 2백만 명의 어린이는 초등학교를 졸업하지 못했습니다.
· 글을 읽지 못하는 사람 중 3분의 2가 여성입니다.
· 1분에 1명의 여성이 출산 중에 사망합니다.
· 매일 8천 명이 에이즈로 죽어가고, 이로 인해 어린이는 부모님과 선생님을 잃습니다.
· 세계 이웃 5명 중 1명은 오염된 물을 마시며 살아갑니다.

 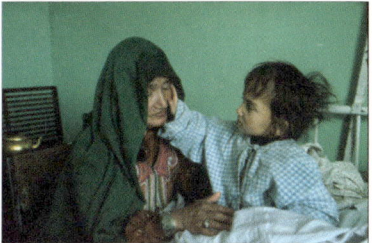

One Heart ! 교육

지구촌 이웃의 목소리

지구촌 곳곳에는 가난과 질병으로 힘들고 어려운 상황에서도 오늘보다 나은 내일을 꿈꾸며 살아가는 이웃이 있습니다.

교육 | 배우는 것은 어린이의 힘

우리 집은 형편이 좋지 않아서 수업료도 못 낼 때가 있어요. 학교에 꾸준히 다니지 못하는 것이 속상하지만 부모님 마음을 알기 때문에 불평하지는 않아요. 저는 시간이 나는 대로 도서관에서 영어책을 빌려 읽고 있어요. 공부를 계속해서 훌륭한 영어 선생님이 되고 싶어요. – 아프리카 케냐

성평등 | 남자와 여자 모두 소중해요

저도 남동생이나 제 친구들처럼 학교에 다니고 싶어요. 하지만 우리 가족은 제가 여자이기 때문에 집에서 살림을 돕다가 결혼할 준비를 해야 한다고 했어요. 저는 열심히 공부해서 멋진 정치인이 되고 싶어요. 제 꿈을 포기하지 않을 거예요. – 서아시아 아프가니스탄

의료보건 | 건강하게 살고 싶어요

우리 마을에 다리가 코끼리처럼 붓는 '코끼리 병'이 발생하기 시작했어요. 마을 사람들이 병에 걸릴까 봐 두려워했지만, 기생충 약을 먹고 손발을 깨끗이 씻으면 이 병을 예방할 수 있다는 것을 알게 되었어요. 이제 우리는 위생관리도 철저히 하며 소중한 우리의 건강을 지켜나갈 거예요.

– 아프리카 탄자니아

생활개선 | 살기 좋은 우리 마을

우리 가족은 항상 그날그날의 끼니를 걱정해야 했는데, 주변의 도움으로 소를 분양받게 되면서 우리에게 많은 변화가 생겼습니다. 소를 키우면서 농작물 수확이 늘어날 것을 기대하게 되었고, 얼마 전 건강한 송아지를 출산하면서 대출금을 갚을 수 있게 되었습니다. 소는 우리 가족의 희망입니다. – 동남아시아 베트남

One Heart! 교육

**지구촌 이웃들이 소중한 삶을 지키고, 꿈을 이루기 위해서는
우리 모두의 관심과 협력이 필요합니다.**

지구촌의 약속 MDGs

새천년개발목표(MDGs : Millenium Development Goals)는 2000년 9월, 세계 189개 나라가 UN 정상회의에서 살기 좋은 지구촌을 만들기 위해 정한 8가지 약속입니다. 2015년까지 MDGs를 달성하기 위해서는 많은 사람들의 크고 작은 노력이 필요합니다.

 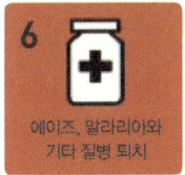  

MDGs를 달성하기 위한 세계의 노력

세계기구의 노력
국제회의
지구촌의 국가들이 MDGs를 달성하기 위한 노력을 기울일 수 있도록 환경을 조성합니다.

국가의 노력
항공권연대기금
국제선 비행기를 이용할 때마다 1천 원씩 모아져 지구촌 이웃을 위해 사용됩니다.

NGO의 노력
빈곤퇴치 캠페인
세계의 NGO들이 힘을 모아 지구촌 가난한 이웃을 알리고 돕기 위한 캠페인을 실시합니다.

One Heart! 나눔 실천

우리도 이웃을 도울 수 있어요!

내 힘으로, 친구들과 가족과 함께 살기 좋은 지구촌을 만들어 가기 위해 우리의 사랑을 나누고 실천해 봅시다.

내 힘으로 Action!

· 화이트밴드 착용하기
세계빈곤퇴치 운동의 상징인 화이트밴드를 손목에 착용하여, 가난한 이웃을 향한 나의 사랑을 표현해 봅시다.

· 100원의 기적홈페이지(www.100won.org)
온라인으로 기부하는 100원의 나눔에 동참하여 지구촌에 사랑의 기적을 일으켜 봅시다.

· 친구 3명에게 도움주기
도움을 필요로 하는 친구 3명에게 도움주기. 세상을 바꾸는 작지만 큰 힘, '3명에게 도움주기 운동'에 동참해 봅시다.

친구들과 Action!

· 빈곤퇴치 캠페인 참여하기
매년 10월 17일 세계에서 동시에 실시되는 빈곤퇴치 캠페인 (Stand Up!, Speak Out!)에 참여해 봅시다.
▶ 지구촌빈곤퇴치시민네트워크(www.endpoverty.or.kr)

· 프리 허그(Free Hug) 캠페인
지금 이 순간, 나의 따뜻한 포옹을 필요로 하는 사람이 있습니다. 서로를 격려하고 힘을 주는 프리 허그 운동을 펼쳐 봅시다.

· 사랑의 동전 모으기
우리 반 친구들과 함께 매일매일 정성스럽게 동전을 모아 봅시다. 세계 친구들을 향한 마음이 쑥쑥 자라납니다.

One Heart! 나눔 실천

가족들과 Action!

· **가족들과 나눔 실천하기**
가족 나눔 교육을 통해 세계빈곤퇴치 해결을 가족들과 함께 고민하고, 나눔을 실천할 수 있습니다. F5 공식 홈페이지를 통해 기부도 하고, 지구촌 가족들에게 따뜻한 사랑을 전해 보세요.

· **공정무역 상품 이용하기**
가난한 나라의 원료나 직접 만든 상품을 제값을 주고 구입하는 공정무역에 동참하여 지구촌 가족들에게 힘을 실어 줍시다.

· **천원의 행복**
천 원이 3개 모이면 국내 결식 아동이 따뜻한 밥 한 끼를, 10개 모이면 북한 어린이 300명이 항생제를 먹을 수 있답니다. 천 원으로 지구촌 친구들에게 행복을 선물해 보세요.

One Heart! 신청 및 참여방법

· 초등학교 1학년부터 6학년까지 전 학년을 대상으로 이루어집니다.
· 세계시민교육 과정을 이수한 전문 교육강사가 교육을 신청한 학교에 방문해 직접 교육을 실시합니다.
· 기본교육은 1회 40분으로, 다양한 교수매체를 활용하여 아동의 눈높이에 맞게 교육을 실시합니다.
· 교육을 받은 어린이는 One Heart! 대사로 임명되며, One Heart! 대사 배지와 임명장이 수여됩니다.
· 교육 후 요청에 따라 어린이 실천활동(Advocacy)이 온/오프라인 상에서 이루어질 수 있도록 지원합니다.

❶ 굿네이버스에 연락하여 교육을 신청합니다. (굿네이버스 사회개발교육팀 02)6717-4144)
❷ 교육에 대한 자세한 내용은 F5사이트(www.f5.or.kr)를 참고하세요.
❸ 교육 후 참여 후기와 나눔을 실천한 활동 내용을 F5사이트에 올려 주세요.

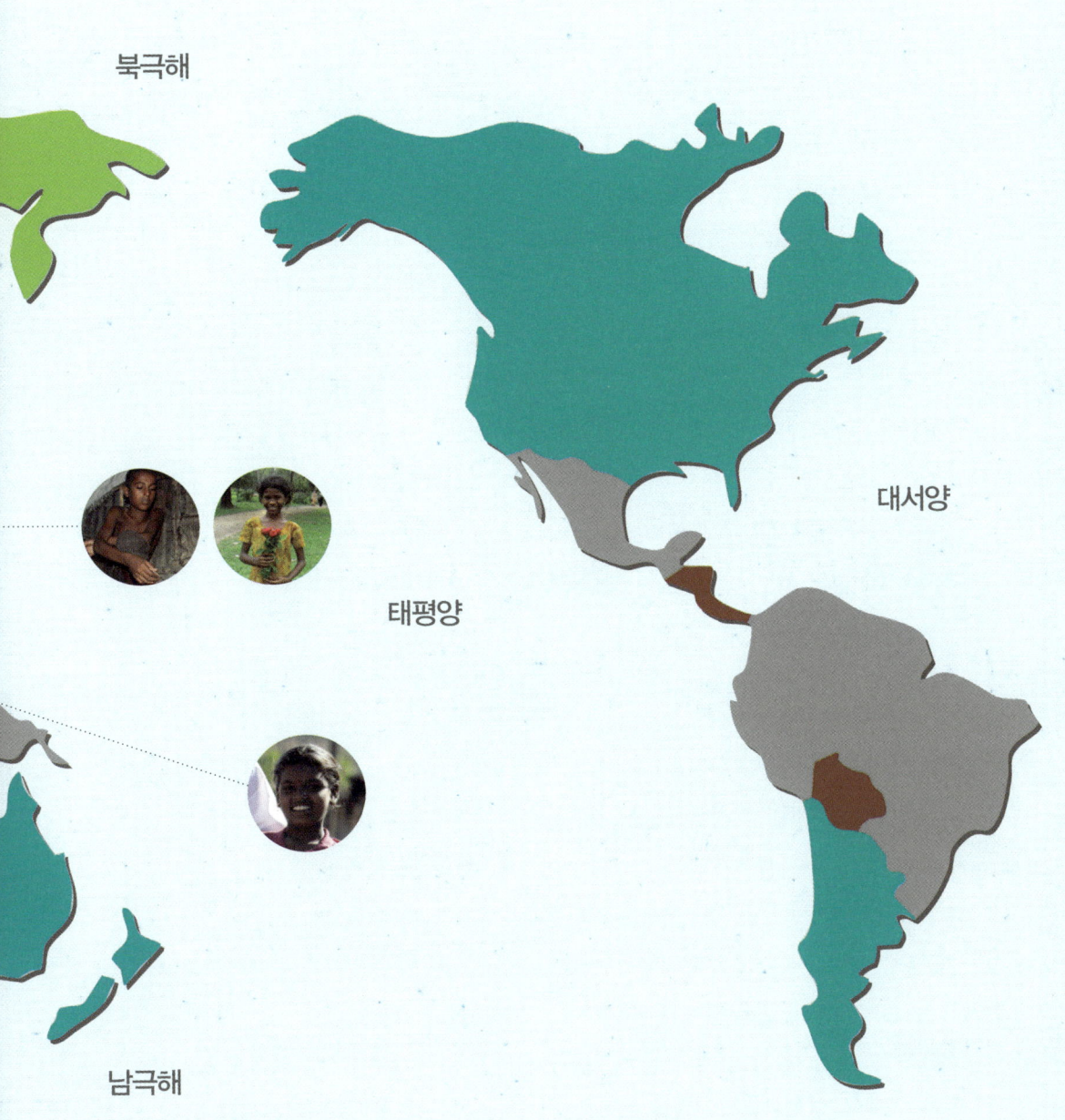

북극해

대서양

태평양

남극해

UN 아동권리협약

　UN 아동권리협약(Convention on the Rights of the Child)은 1989년 11월 20일 유엔총회에서 채택된 국제적인 인권조약으로 아동의 생존과 보호, 발달, 참여의 권리 등 어린이 인권과 관련된 모든 권리를 규정하고 있습니다. 우리나라는 이 협약에 1991년 11월 20일에 비준하였으며, 어린이를 권리의 대상이 아닌 권리의 주체로 인식하였다는 점에서 어린이 관련 인권조약의 새로운 지평을 열게 되었습니다. 아동권리협약은 총 54개 조항으로 구성되어 있으나 아동의 기본적인 권리 내용을 담고 있는 40개 조항을 이곳에서 소개합니다.

제1조 　아동의 범위는 특별히 따로 법으로 정하지 않는 한 18세 미만까지로 한다.
제2조 　모든 아동은 인종이나 성별, 종교, 사회적 신분 등에 따른 어떤 종류의 차별로부터도 보호받아야 한다.
제3조 　당사국 정부는 아동의 이익을 최우선으로 고려하여 정책을 수립하고 시행해야 한다.
제4조 　당사국 정부는 본 협약이 인정한 아동의 권리실현을 위해 적절한 행정적, 입법적 조치를 취해야 한다.
제5조 　당사국 정부는 아동의 부모 또는 보호자가 아동의 능력 발달에 맞게 적절한 감독과 지도를 행할 책임을 가지고 있음을 존중해야 한다.
제6조 　모든 아동은 생명을 존중받을 권리를 가지고 있으며, 당사국 정부는 아동의 생존과 발달을 최대한 보장해야 한다.
제7조 　모든 아동은 이름과 국적을 가질 권리를 지니며 부모가 누군지 알고, 부모로부터 양육 받을 권리를 지닌다.
제8조 　당사국 정부는 이름과 국적, 가족관계 등 아동의 신분 보장을 위해 필요한 사항들을 법률로써 보장해야 한다.

제9조 모든 아동은 아동의 이익이 침해당하는 경우가 아닌 한 부모와 함께 살 권리를 지니며, 부모와 떨어져 살 경우 부모를 만날 권리를 가진다.

제10조 당사국 정부는 아동 또는 부모가 서로 간의 면접을 위해 출국이나 입국을 신청할 때 이를 신속히 받아들여 부모와 자녀 간의 관계를 유지할 수 있도록 보장해야 한다.

제11조 당사국 정부는 아동의 불법 해외이송 및 강제 해외체류를 막기 위해 협정체결 등의 조치를 취해야 한다.

제12조 당사국 정부는 모든 아동이 자신에게 영향을 미치는 사건에 대해 의견을 말할 권리를 보장해야 하며, 아동의 견해에 정당한 비중을 두도록 해야 한다.

제13조 모든 아동은 표현의 자유를 지니며, 국경과 관계없이 모든 종류의 정보와 사상을 접하고, 전달할 권리를 가진다.

제14조 모든 아동은 사상과 양심, 종교의 자유를 가진다.

제15조 모든 아동은 평화로운 결사와 집회의 자유를 가진다.

제16조 모든 아동은 가족이나 가정, 통신 등 사생활에 있어 위법적인 간섭을 받지 않을 권리와 명예에 대하여 위법적인 공격을 받지 않을 권리를 지닌다.

제17조 모든 아동은 국내와 국외로부터 필요한 정보를 얻을 수 있어야 하며, 대중매체는 아동에게 유해한 정보를 지양하고 이익이 되는 정보만을 제공해야 한다.

제18조 부모는 아동 양육에 공동책임을 져야 하며, 당사국 정부는 부모가 이러한 책임을 다하도록 지원해 주어야 한다.

제19조 모든 아동은 폭력과 학대, 유기로부터 보호받아야 하며, 당사국 정부는 아동학대를 막고, 학대로 고통받는 아동을 보호하기 위한 조치를 취해야 한다.

제20조 당사국 정부는 가족이 없는 아동에게 양부모나 보호시설 등을 제공해서 특별히 보호해야 하며 시설을 선택할 때는 아동의 인종이나 종교, 문화적인 배경을 충분히 고려해야 한다.

제21조 입양제도를 인정할 경우 당사국은 입양을 결정함에 있어 아동의 이익을 최우

선적으로 고려해야 하며, 권위 있는 관계 당국에 의해서만 입양이 이루어지도록 보장해야 한다.

제22조 당사국 정부는 난민아동이 특별한 보호를 받을 수 있도록 적절한 조치를 취해야 한다.

제23조 당사국은 장애아동이 인격을 존중받고 자립하여 사회 참여를 할 수 있도록 특별한 보호와 교육을 제공해야 한다.

제24조 당사국 정부는 아동이 최상의 건강 수준을 누릴 수 있도록 아동에게 적절한 보건서비스를 제공해야만 한다.

제25조 당사국 정부는 보호나 치료의 목적으로 관계 당국에 의해 양육 지정된 아동의 양육 상태를 정기적으로 심사해야 한다.

제26조 모든 아동은 사회보험을 포함하여, 사회보장제도의 혜택을 받을 권리를 가진다.

제27조 모든 아동은 신체적, 정신적, 사회적 발달에 적합한 생활수준을 누릴 권리를 가진다. 부모는 아동의 발달에 필요한 생활 여건을 확보하는 1차적 책임을 지며, 당사국 정부는 부모가 책임을 완수하도록 보장해야 한다.

제28조 당사국 정부는 모든 아동이 균등한 교육의 기회를 가지고 있음을 인정하고 초등교육을 의무화해야 하는 한편 중등교육과 고등교육의 발전을 위해 적절한 조치를 취해야 한다.

제29조 교육은 아동의 인격 및 재능, 정신적, 신체적 능력을 최대한 개발하는 방향으로 행해져야 하며, 아동들이 모든 관계에 있어 이해와 평화, 관용, 평등, 우정의 정신에 입각해 책임 있는 삶을 준비해 나가도록 행해져야 한다.

제30조 소수민족의 아동은 그들 자신의 문화와 종교를 누리고, 고유의 언어를 사용할 권리를 가진다.

제31조 모든 아동은 적절한 휴식과 여가 생활을 즐기며, 문화 예술 활동에 참여할 권리를 가진다.

제32조 모든 아동은 경제적으로 착취당해서는 안 되며, 건강과 발달을 위협하고 교육에 지장을 주는 유해한 노동으로부터 보호받아야 한다.

제33조 당사국 정부는 마약 등의 약물로부터 아동을 보호해야 하며, 약물의 생산과 거래에 아동이 이용되는 것을 막기 위하여 모든 적절한 조치를 취해야 한다.

제34조 당사국 정부는 모든 형태의 성 착취와 성폭력으로부터 아동을 보호할 의무를 지며, 의무 이행을 위하여 아동을 성적으로 이용하는 모든 행위를 방지하기 위한 조치를 취해야 한다.

제35조 당사국 정부는 아동을 대상으로 한 모든 형태의 약취유인이나 매매, 거래를 방지하기 위한 조치를 취해야 한다.

제36조 당사국 정부는 아동복지에 해가 되는 모든 형태의 착취로부터 아동을 보호해야 한다.

제37조 모든 아동은 고문이나 잔혹행위, 위법적인 체포나 구금, 사형이나 종신형 등의 형벌로부터 보호받아야 한다. 당사국은 구금된 아동을 성인 수감자와 격리시켜야 하며 가족과 접촉할 권리, 신속하고 적절한 법적 판결을 받을 권리를 보장해 주어야 한다.

제38조 15세 미만의 아동은 군대에 징집되어서는 안 되며, 분쟁지역의 아동은 특별한 보호를 받아야 한다.

제39조 당사국 정부는 무력 분쟁과 고문, 확대, 폭력 등을 경험한 아동의 신체적, 정신회복 및 사회복귀를 촉진하기 위한 모든 조치를 취해야 한다.

제40조 당사국 정부는 형법상 유죄로 인정받은 모든 아동이 사회에 복귀하여 건설적인 역할을 담당하도록 하기 위하여 타인의 자유에 대해 존중하는 생각을 키워주고 공정한 재판을 받도록 보장해 주어야 한다.